Erich Später
Villa Waigner
Hanns Martin Schleyer und die deutsche
Vernichtungselite in Prag 1939–45

Erich Später

Villa Waigner

Hanns Martin Schleyer und die deutsche Vernichtungselite in Prag 1939–45

konkret
Texte 50
KVV konkret, Hamburg 2009
Gestaltung & Satz: Niki Bong
Titelfoto: dpa
Fotos Innenteil: Meret Brandner, 2009; Narodni Archiv Prag
Druck: Fuldaer Verlagsanstalt GmbH, Fulda
ISBN 978-3-930786-57-2

Inhalt

1. **Die Zerstörung der demokratischen Republik** 7
   Invasion. Einmarsch in Prag

2. **Deutsche Herrschaft: Terror und Völkermord** 19
   Die Vernichtung der jüdischen Bevölkerung
   des Protektorats. Entrechtung und Ausplünderung.
   Judenhäuser. Theresienstadt

3. **Die Deutsche Universität in Prag** 46
   Friedrich Klausing und die Bubentscherstraße 55

4. **Familie Schleyer erhält eine Villa** 62
   Eine Heirat auf »beiderseitige Verantwortung«

5. **Die Befreiung** 81
   Rückkehr ins Nichts. Neuanfang und Entschädigung.
   Grabschändung (Erika Steinbach, Peter Glotz und
   das Andenken Franz Werfels)

Dank 91

Dokumente 92

Nachweise 100

1. Die Zerstörung der demokratischen Republik

Mit dem Münchener Abkommen vom 29. September 1938 zwischen dem Deutschen Reich, Italien, Frankreich und Großbritannien begann die Zerschlagung und Aufteilung der demokratischen Tschechoslowakei. Von ihren Verbündeten Frankreich und England im Stich gelassen und zur Kapitulation genötigt, mußte die CSR den Nazitruppen 28.000 Quadratkilometer, ein Fünftel ihres Staatsgebiets, überlassen. Die Bevölkerung des Deutschen Reiches wuchs um 3,6 Millionen Menschen. Neben der in ihrer großen Mehrheit aus Nazi-Anhängern bestehenden deutschen Minderheit, die sich in Konrad Henleins Sudetendeutscher Partei (SDP) organisierte, kamen auch etwa 300.000 Tschechen unter deutsche Herrschaft. Die autoritären antisemitischen Regime in Polen und Ungarn nützten die verhängnisvolle Niederlage der letzten antifaschistischen Demokratie in Mitteleuropa, um sich mit dem Einverständnis Deutschlands Teile des Staatsgebiets der CSR einzuverleiben. Mit dem Einmarsch der deutschen Truppen endete die Existenz der 1918 gegründeten ersten tschechoslowakischen Republik.[1]

---

1 Zur Geschichte der deutschen Aggression und Besatzungsherrschaft sind in den letzten Jahren bedeutende Untersuchungen erschienen. Vor allem die deutsch-tschechische Historikerkommission hat Erhebliches geleistet. Dies ist ein bemerkenswerter Fortschritt. Bis Mitte der siebziger Jahre bestimmte eine apologetische Geschichtsschreibung die öffentliche Wahrnehmung. In München wurde das Collegium Carolinum als »Prager Exiluniversität« konzipiert. Das Münchener Abkommen war für die Bundesrepublik nach wie vor gültig. Die juristischen und politischen Grundlagen für diese Politik formulierten überlebende hochrangige Juristen, Historiker und Publizisten aus der Konkursmasse des Reichsgaus Sudetenland und der Prager Universität. Eine der historischen Wahrheit verpflichtete Geschichtsschreibung mußte über Jahrzehnte mühsam erkämpft werden. Nur ein Beispiel: Das Münchener Institut für Zeitgeschichte veröffentlichte 1958 die Dissertation des tschechischen Historikers Boris Cebovsky über das Münchener Abkommen. Dieser formulierte überzeugende Argumente gegen die Gültigkeit des Abkommens. Aufgrund dieser Publikation sahen sich der Autor und das Institut einer massiven Hetzkampagne der Sudetendeutschen Landsmannschaft und ihrer politischen und publizistischen Hilfstruppen ausgesetzt. Ende der 60er Jahre änderte sich die Situation allmählich. Das großartige Werk des im Exil verbliebenen sozialdemokratischen Historikers Johann Wolfgang Brügel *Deutsche und Tschechen* wurde in zwei Bänden publiziert: Johann Wolfgang Brügel: *Deutsche und Tschechen 1918–38*, München 1967; ders.: *Deutsche und Tschechen 1938–45*, München 1974. Ähnlich wichtig war die Dissertation von Detlef Brandes *Die Tschechen unter deutschem Protektorat*. Erst diese Arbeit ermöglichte eine sinnvolle wissenschaftliche Beschäftigung mit der Besatzungswirklichkeit und führte zu wichtigen Einzelstudien. Brandes ist der Mitbegründer einer wissenschaftlichen Standards verpflichteten Forschung. Seine Schüler haben seine Impulse aufgenommen und das Forschungsfeld erheblich erweitert. Hier sei nur Volker Zimmermann und seine Studie *Die Sudetendeutschen im NS-Staat – Staat, Politik und Stimmung in der Bevölkerung im Reichsgau Sudetenland* (Essen 1999) erwähnt. Letztes Jahr hat Brandes *Die Sudetendeutschen im Krisenjahr 1938* (München 2008) veröffentlicht. Es sei hier noch auf zwei wichtige Sammelbände der deutsch-tschechischen Historikerkommission hingewiesen, deren Aufsätze gut lesbar sind und die einen vertiefenden Einblick in die deutsch-tschechischen Beziehungen und die Realität der deutschen Besatzungsherrschaft ermöglichen: Monika Glettler, L'ubomir Liptak, Alena Miskova (Hg.): *Geteilt, besetzt, beherrscht – Die Tschechoslowakei 1938–45: Reichsgau Sudetenland, Protektorat Böhmen und Mähren, Slowakei*, Essen 2004; Detlef Brandes,

Konstituiert aus den historischen Ländern der böhmischen Krone, der Slowakei und der Karpato-Ukraine war die CSR in ihrem Selbstverständnis den westlichen Traditionen der Staatsbürgernation gefolgt, die sich politisch und territorial definiert. Sie umfaßte eine Fläche von 140.446 Quadratkilometern und hatte 15,2 Millionen Einwohner. Neben 9,7 Millionen Tschechen und Slowaken bildeten die Bürger deutscher Herkunft mit 3,2 Millionen Angehörigen die größte Minderheit. In der Verfassung und der gelebten politischen Demokratie hatte jeder Bürger das gleiche Recht, öffentliche Ämter und Staatsdienste, jedes Gewerbe und jeden Beruf auszuüben. Der Präsident der Republik, Thomas Masaryk, und sein Nachfolger Edvard Benes waren erbitterte Gegner des politischen Antisemitismus.[2]

Der Vertrag zum Schutz internationaler Minderheiten wurde von der CSR respektiert und eingehalten. So sicherte das deutschsprachige Schulsystem für 80 Prozent der deutschen Kinder den muttersprachlichen Unterricht. Einzigartig war das deutsche Hochschulwesen. Als einzige Minderheit in ganz Mittel- und Südosteuropa hatte die deutsche Bevölkerung ein autonomes Hochschulwesen – eine Universität und eine Technische Hochschule in Prag sowie ein weiteres Technikum in Brünn. Im Vergleich mit allen demokratischen Staaten Europas rangierte die CSR in der demokratischen Regelung der Minderheitenrechte an vorderster Stelle. Weit vor dem Deutschland der Weimarer Republik, in dem beispielsweise die 1,7 Millionen Menschen umfassende polnische Minderheit niemals über ein eigenes Schulsystem verfügen konnte. Die ökonomische und soziale Struktur war von erheblichen Unterschieden geprägt. Die Landesteile Slowakei und Karpato-Ukraine waren noch weitestgehend agrarisch strukturiert. Der tschechische Landesteil mit der Hauptstadt Prag war nach Verteilung der Arbeitskräfte, Gliederung der Produktions- und Verbrauchsgüterindustrie und der Produktivität der Landwirtschaft auf westeuropäischem Niveau.

Mit dem Aufbau einer republikanischen Verwaltung und Armee, einer umfassenden Landreform zugunsten der Pächter und Kleinbauern[3] sowie der Einführung des Achtstundentags und dem Ausbau der Sozialversicherung schuf sich die Republik eine solide soziale Basis, die das Land bis 1938 zu einer der stabilsten Demokratien in Europa machte. Zum demokratischen Regierungsblock gehörten auch die demokratischen Kräfte der

---

Dusan Kovac und Jiri Pesek: *Wendepunkte in den Beziehungen zwischen Deutschen, Tschechen und Slowaken*, Essen 2007.

2 zur Gründung der CSR: Johann Wolfgang Brügel: *Deutsche und Tschechen 1918–38* (siehe Anm. 1).

3 Mamatey S. und Radomir Lula: *Geschichte der Tschechoslowakischen Republik 1918–38*, Wien 1980.

Minderheiten. Für den Nationalsozialismus und die ihm nahestehenden faschistischen und autoritären Bewegungen verkörperte die CSR, die sich außenpolitisch eng an die französische Republik anlehnte, den verhaßten Feind. Die Gründung der CSR und die Republik von Weimar waren in der politischen Agitation des völkischen deutschen Nationalismus, dessen radikalster Flügel von der nationalsozialistischen Massenbewegung gebildet wurde, das Ergebnis des Sieges des internationalen Judentums, das sich nach Überzeugung der Völkischen im 1919 geschlossenen »Friedensdiktat« von Versailles zum Herren über die Deutschen und Europa gemacht hatte. »Völkisch« bedeutet eine Konzeption von Nation, die sich in radikaler Frontstellung gegen alle Vorstellungen einer universellen Menschheit befindet. Aus ihr folgt der unerbittliche Kampf gegen alle Formen des Liberalismus, der politischen Demokratie und des marxistischen Sozialismus. Der deutsche Nationalismus definiert »Volk« als unaufhebbare, natürliche Gemeinschaft, als lebendiges Wesen, dem der einzelne untergeordnet ist. In der politischen Mythologie des deutschen Nationalismus ist das deutsche Volk als Abstammungs- und Blutsgemeinschaft seit Jahrtausenden der Gefahr der Zersetzung ausgesetzt. Römisches Recht, Kapitalismus und marxistischer Sozialismus gefährden die Reinheit und Homogenität des deutschen Volkskörpers. Biologischer Träger dieses Angriffs und größter Feind des deutschen Volkes sind die Juden.

Die Machtübernahme der NSDAP im Frühjahr 1933 ist deshalb viel mehr als eine gewalttätige Konterrevolution mit blutigem Terror, Zerschlagung der Arbeiterbewegung und des demokratischen Rechtsstaats: Die Nationalsozialisten und ihr Führer verkörpern den radikalen deutschen Nationalismus, der zur Staatsmacht wird. Die Leichtigkeit, mit der es gelingt, die politischen Feinde zu isolieren und auszuschalten, ist Indiz für die gesellschaftliche Mehrheitsfähigkeit und Attraktivität des radikalen Nationalismus, der weit über die NSDAP hinausreicht. Das Jahr 1933 bedeutet in einem tieferen Sinn den Beginn der Säuberung des deutschen Volkskörpers zunächst von den gesellschaftlichen und politischen Trägerschichten der Vorstellungen universeller menschlicher Gleichheit: Liberalismus, Marxismus, Kommunismus. Gleichzeitig ist es der Beginn des deutschen Vernichtungskriegs gegen den jüdischen Teil der Menschheit.

Die Zerschlagung der in den Augen der NSDAP und Hitlers von Juden beherrschten CSR war seit 1933 eines der Hauptziele des nationalsozialistischen Deutschland, auch weil die CSR nach der Vernichtung der deutschen Arbeiterbewegung und der liberalen Demokratie Tausenden von Deutschen, die vor dem Nationalsozialismus fliehen mußten, großzügig Asyl, politische Freiheit und würdige Lebensbedingungen gewährte. Viele Flüchtlinge wurden von der Regierung unterstützt. Diese Hilfe wurde noch übertroffen durch die Solidarität breiter Teile der tschechischen Bevölkerung, die sich vor allem in erfolgreichen Geldsammlungen und vielfältigen Aktionen zur Verteidigung der Kultur gegen die nazistische Barbarei niederschlug. So wurde auf Initiative von Edvard Benes die Staatsbürgerschaft der CSR an Thomas und Heinrich Mann verliehen. In den Erinnerungen vieler deutscher Flüchtlinge finden sich Worte des Dankes und der Hochachtung für die politische Solidarität und menschliche Anteilnahme vieler tschechischer Bürger.

Die Hauptstadt Prag war von 1933 bis 1938 das Zentrum des politischen und kulturellen Widerstands gegen das nationalsozialistische Deutschland. Heinrich Mann schrieb über das Land, das ihm und seiner Familie Asyl und Bürgerrecht gewährte: »Meine ergriffene Hochachtung gehört der CSR. Hier ist ein Staat, der sich selbst überlassen, in weit und breit feindlicher Umgebung – und schließlich auch preisgegeben –, trotz allem nichts von seiner moralischen Größe einbüßte ... Wir, das ganze verfolgte Deutschland, waren in diesem Land nicht nur gleichgültig geduldet. Prag nahm uns wie seine Nächsten auf.«[4] Die große Mehrheit der Sudetendeutschen, die sich politisch und moralisch mit Henlein und Hitler verbunden hatten, verfolgten die deutschen Flüchtlinge mit absoluter Feindschaft.

Mit dem Münchener Abkommen und der Annexion der Grenzgebiete durch das nationalsozialistische Deutschland wurde die CSR tödlich geschwächt. In den verbliebenen Teilen der Republik wurden die zur Kollaboration und Unterwerfung unter die deutsche Hegemonie bereiten Rechtsparteien zur maßgeblichen politischen Kraft und besetzten die Schalthebel der Macht. Der tschechoslowakische Präsident Benes erklärte seinen Rücktritt, verließ das Land am 22. Oktober 1938 und begann, von London und den USA aus den Widerstand zu organisieren. Es begann die Zeit der kurzlebigen Zweiten Republik. Im Zuge der autoritären Formierung wurden die demokratischen Parteien der Linken und des demokratischen Zentrums verboten. Die Macht des Parlaments wurde erheblich beschnitten und das Gesetzgebungsverfahren auf die Regierung übertragen. Eine Reihe kommunistischer, liberaler und demokratischer Zeitungen wurde verboten. Die Kommunistische Partei und weitere Organisationen wurden für illegal erklärt und aufgelöst.

Zum neuen Staatspräsidenten wurde am 30. November 1938 Emil Hacha, der Präsident des Verwaltungsgerichtshofs,

---

[4] Peter Becher und Peter Heumos (Hg.): *Zur deutschen Emigration in die Tschechoslowakei*, München 1992.

gewählt. Zum Ministerpräsidenten wurde der Führer der konservativen Agrarpartei, Rudolf Beran, ernannt. Er war bestrebt, mit den Deutschen zu einer Übereinkunft zu kommen, die der geschwächten Republik ein Überleben zu deutschen Bedingungen erlaubt hätte. Berans Regierung hoffte, von der deutschen Rüstungskonjunktur zu profitieren und die Agrarüberschüsse nach Deutschland exportieren zu können.[5]

Diese Politik war angesichts der Schwäche und außenpolitischen Isolation des Landes der untaugliche Versuch, ein Minimum an Eigenständigkeit zu bewahren. Die kampflose Niederlage hatte die demokratischen Traditionen und Institutionen geschwächt und bei vielen diskreditiert. Dennoch blieben die faschistischen Organisationen marginal und politisch isoliert. Breite Teile der Bevölkerung werteten jede prodeutsche Politik als Verbrechen und Landesverrat. Die radikale Veränderung der politischen Rahmenbedingungen zeigten sich vor allem auch in der Behandlung der Flüchtlinge aus den okkupierten Grenzgebieten, die als »Gau Sudetenland« Bestandteil des Deutschen Reiches geworden waren.

Bereits vor dem deutschen Einmarsch waren über 25.000 Menschen vor dem Terror der sich formierenden sudetendeutschen Volksgemeinschaft geflohen. Deutsche Sozialdemokraten und Kommunisten, ein Großteil der jüdischen Bevölkerung suchten Zuflucht im Inneren Böhmens. Nach dem Einmarsch der deutschen Truppen flohen nach einer Übersicht des tschechoslowakischen Innenministeriums mehr als 151.000 Menschen vor dem Terror der Gestapo und den Anhängern Henleins. Unter den Flüchtlingen befanden sich fast 25.000 deutschsprechende, antifaschistische und jüdische Bürger der CSR, die im Niemandsland zwischen den neuen Grenzen wochenlang sich selbst überlassen oder an die Gestapo ausgeliefert wurden. Diese Anbiederung der neuen Regierung an Hitler-Deutschland wurde erst gestoppt, als neben tschechischen Organisationen und Persönlichkeiten auch englische und französische Sozialisten heftig gegen diesen Verrat und Rechtsbruch protestierten.[6]

Invasion
Alle Beteuerungen Hitlers, das Deutsche Reich schütze nur »das Selbstbestimmungsrecht der Sudetendeutschen«, und er habe »kein Interesse an den Tschechen«, die er in seinem Reich nicht wolle, dienten lediglich dazu, den deutschen Aggressionskurs zu verschleiern. Mit Hilfe des ungarischen Regimes und der slowakischen Klerikalfaschisten, die auch vom Vatikan massiv

---
5 Zur Situation der Zweiten Republik: Werner Röhr: *September 1938. Die Sudetendeutsche Partei und ihr Freikorps*, Berlin 2008, S. 209 ff.
6 Zimmermann: *Die Sudetendeutschen im NS-Staat*, a.a.O. (wie Anm. 1), S. 71 ff.

unterstützt wurden, sollte die CSR weiter zerstückelt werden. Auch die 235.000 Angehörigen der deutschen Minderheit leisteten ihren Beitrag zur endgültigen Zerstörung der territorialen Integrität der CSR. Die NSDAP-Auslandsorganisation hatte in der Zweiten Republik alle politischen Freiheiten. Am 30. Januar 1939 wehten erstmals öffentlich Hakenkreuzfahnen in Prag.[7]

Die deutsche Minderheit besaß die Rechte von Reichsdeutschen und beanspruchte den Status der Exterritorialität, was nicht zuletzt mit Forderungen von deutschen Ortschaften nach Beitritt zum Sudetengau untermauert wurde. Die Prager Regierung bot Berlin sogar die Aufnahme eines genehmen Ministers an, der als Garant der »freundschaftlichen Beziehungen zwischen Berlin und Prag« im Kabinett fungieren sollte. Nach der Überführung von Henleins Sudetendeutscher Partei in die NSDAP gründeten die verbliebenen fünf Parlamentarier am 30. Oktober 1938 in Prag den »Klub der deutschen nationalsozialistischen Abgeordneten«. Vorsitzender war der enge Henlein-Mitarbeiter Ernst Kundt. Seine Rolle im Parlament beschränkte sich auf erneute territoriale Forderungen und das Anprangern angeblicher tschechischer Übergriffe auf die deutsche Minderheit. Gleichzeitig organisierte er als Mitglied der SS und ihres Sicherheitsdienstes (SD) die Vorbereitungen für den zu erwartenden Einmarsch der deutschen Truppen in die »Resttschechei«.

Im Oktober 1938 verlangte Kundt in einer geheimen Denkschrift die Liquidierung des tschechoslowakischen Staates. Das Gerede vom Selbstbestimmungsrecht hatte seinen propagandistischen Zweck erfüllt und wurde ersetzt durch die Sprache der Gewalt und des Genozids: »Dieser Raum muß in die außenpolitische und militärische Oberhoheit des großdeutschen Reiches gelangen, weil das deutsche Volk und sein Staat nur Herr in Mittel-, Ost- und Südosteuropa sein kann, wenn es der Herr von Böhmen ist ... (um) das zu erreichen, gibt es gegenüber dem tschechischen Volk nur zwei Möglichkeiten: a) Beseitigung durch Ausrottung oder Aussiedlung, b) Einbau in das Dritte Reich und die weltanschauliche Grundlage dieses Reiches.«[8]

Die Mobilisierung der »bedrohten« deutschen Minderheit bildete das bewährte propagandistische Mittel für die Rechtfertigung der Aggression. Die Planungen des Einsatzes der Wehrmacht zur Zerschlagung der »Resttschechei« wurden durch Hitlers Direktiven vom 21. Oktober und 17. Dezember 1938 bestimmt. Drei Wochen nach dem Münchener Abkommen befahl Hitler, die Wehrmacht müsse jederzeit auf die »Erledigung der

---

[7] Werner Röhr, a.a.O. (wie Anm. 5), S. 211.
[8] Zu den Plänen der SDP im Herbst 1938: Karel Fremund und Vaclav Kral (Hg.): *Die Vergangenheit warnt – Dokumente über die Germanisierungs- und Austilgungspolitik der Naziokkupanten in der Tschechoslowakei*, Prag 1960, S. 24 ff.

Resttschechei« vorbereitet sein. Zur Vorbereitung des Einmarsches müsse auf jede planmäßige Mobilmachung verzichtet und der CSR jede Möglichkeit der Gegenwehr genommen werden. Am 17. Dezember verlangte Hitler, nach außen müsse »klar in Erscheinung treten, daß es sich nur um eine Befriedungsaktion handele«.[9]

Die Gelegenheit kam schnell und wurde sofort genutzt. Die slowakischen Faschisten und Hitler-Anhänger zielten seit München auf eine schnelle Abtrennung des Landesteils von der CSR und die Errichtung eines faschistischen Staates unter der Oberhoheit Deutschlands. Staatspräsident Hacha war wider Erwarten zum Widerstand bereit, entließ am 10. März 1939 die slowakische Regierung, sandte Truppen in die Slowakei und verhängte das Standrecht. Deutschland antwortete mit scharfen diplomatischen Noten, in denen das Selbstbestimmungsrecht für die Slowakei gefordert wurde, und begann eine Pressekampagne gegen die Unterdrückung der deutschen Minderheit in der CSR. Der deutsche Einmarsch wurde vorbereitet und begründet mit der Behauptung, »aus allen Teilen der Tschechei« träfen »Hilferufe der terrorisierten und unmenschlich verfolgten Volksdeutschen« ein.

Am 13. März reisten slowakische Unterhändler nach Berlin und erklärten sich bereit, am nächsten Tag die Unabhängigkeit der Slowakei zu erklären. Der tschechoslowakische Staatspräsident Hacha reiste am 14. März nach Berlin. Er war sich über die deutschen Absichten im unklaren. Seine Delegation war der Ansicht, über die Slowakei verhandeln zu müssen, und wollte Hitler auf keinen Fall herausfordern. Den Berichten von Oberst Moravec, dem Leiter des Militärgeheimdienstes, denen zufolge der Einmarsch deutscher Truppen unmittelbar bevorstand, schenkte Hacha keinen Glauben. Moravec flog mit seinen engsten Mitarbeitern und den wichtigsten Geheimunterlagen am gleichen Abend nach London, wo er zur selben Stunde landete, zu der Hacha und seine Regierungsdelegation in Berlin eintrafen.[10] Bereits vor Hachas Ankunft hatten die deutschen Truppen die Grenze überschritten und Mährisch Ostrau besetzt. In der Stadt wurden sofort eine Anzahl Personen, die als antideutsche »Rädelsführer« bekannt waren, und die vom Bürgermeister namentlich benannten kommunistischen Stadträte verhaftet.

Mit massiven Drohungen wurden Präsident Hacha und der tschechoslowakische Außenminister Chvalkovsky während der nächtlichen »Verhandlungen« eingeschüchtert. Göring droh-

---

9 Wilhelm Deist, Manfred Messerschmidt, Hans Erich Volkmann, Wolfram Wette: *Das Deutsche Reich und der 2. Weltkrieg*, Bd.1, *Ursachen und Voraussetzungen des 2. Weltkriegs*, Frankfurt 1989, S. 796 ff.
10 ebd.

te mit der Auslöschung Prags: »Ich habe ein schweres Amt. Es würde mir ungemein leid tun, wenn ich diese schöne Stadt vernichten müßte. Aber ich müßte es tun, damit die Engländer und Franzosen wissen, daß meine Luftwaffe eine hundertprozentige Arbeit zu leisten vermag.«[11]

In der nun verabschiedeten Kapitulationserklärung hieß es: »Auf beiden Seiten ist übereinstimmend die Überzeugung zum Ausdruck gebracht worden, daß das Ziel aller Bemühungen die Sicherung von Ruhe, Ordnung und Frieden in diesem Teil Mitteleuropas« sein müsse. Der tschechoslowakische Staatspräsident habe erklärt, »daß er, um diesen Zielen zu dienen und um eine endgültige Befriedung zu erreichen, das Schicksal des tschechischen Volkes und Landes vertrauensvoll in die Hände des Führers des Deutschen Reiches legt. Der Führer hat diese Erklärung angenommen und seinem Entschluß Ausdruck gegeben, daß er das tschechische Volk unter den Schutz des deutschen Reiches nehmen und ihm eine seiner Eigenart gemäße autonome Entwicklung seines völkischen Lebens gewährleisten wird.« Die tschechische Seite akzeptierte folgende Forderungen: kein Widerstand durch bewaffnete Formationen, Startverbot für alle Flugzeuge, keine Unterbrechung des öffentlichen und wirtschaftlichen Lebens, Zurückhaltung in Presse und Rundfunk.[12]

Zur gleichen Zeit, als Hacha sein Land einem barbarischen Regime auslieferte, organisierten bewaffnete Banden der deutschen Minderheit Überfälle auf die tschechische Zivilbevölkerung, auf Polizei und Zollstationen. Jüdische Einrichtungen wurden mit besonderem Haß attackiert. Im mährischen Olmütz wurde in der Nacht zum 15. März die Synagoge niedergebrannt. Gleichzeitig wurden erneut frei erfundene Meldungen deutscher Rundfunkstationen verbreitet, in denen von Übergriffen auf Angehörige der deutschen Minderheit die Rede war.

Um sechs Uhr früh eröffnete die deutsche Wehrmacht mit über 350.000 Soldaten auf breiter Front die »militärische Polizeiaktion« und besetzte Böhmen und Mähren. Die tschechoslowakische Armee leistete keinen Widerstand. Innerhalb weniger Stunden besetzten die Armeegruppen 3 und 5 das gesamte Gebiet. Die Vorschläge des Prager Geheimdienstes, die Gebäude des Generalstabs zu sprengen, die Luftwaffe nach Westen auszufliegen und die schweren Waffen zu zerstören, wurden von der kapitulationsbereiten Prager Regierung, die bereits am 14. März ihren Rücktritt erklärt hatte, zurückgewiesen. Die deutschen Invasoren erbeuteten die moderne Ausrüstung für zwanzig weitere Divisionen. Unter anderem fielen ihnen nach tsche-

---

11 Peter Demetz: *Mein Prag,* Wien 2007, S. 27.
12 ebd., S. 24/25.

chischen Quellen 1.200 Flugzeuge, 469 Panzer und 2.253 Artilleriegeschütze in die Hände. Hinter der vorrückenden Wehrmacht machten die Sondereinheiten der Sicherheitspolizei und des SD Jagd auf »Reichsfeinde«. Nach vorbereiteten Listen wurden Massenverhaftungen vorgenommen. Bis zum 23. Mai 1939 wurden 4.639 Personen festgenommen, viele von ihnen wurden in Gefängnisse und Konzentrationslager eingeliefert.[13]

Einmarsch in Prag
In der Prager Innenstadt kam es in der Nacht zum 15. März zu Unruhen und Straßenkämpfen, über die der deutsche Geschäftsträger berichtete: »In Prag-Innenstadt heute Nachmittag zwischen Tschechen untereinander und Tschechen-Deutschen Zusammenstöße. Auf tschechischer Seite teilweise Kommunisten. Von Deutschen 24 verletzt, danach 7 in Krankenhaus aufgenommen. Polizei vermeidet nicht nur Vorgehen gegen Deutsche, sondern nach Möglichkeit überhaupt einzugreifen. 7 Feststellungen deutscher Studenten wurden auf Betreiben der Gesandtschaft sofort aufgehoben.«[14]

Die deutschen Truppen erreichten Prag gegen 9 Uhr. Der Einmarsch verlief ohne große Zwischenfälle. Es wurde eine Ausgangssperre verhängt, die nach kurzer Zeit wieder aufgehoben wurde. »V Praze je klid« – Prag ist ruhig, verkündeten die Zeitungen einmütig, und der vielfach wiederholte Satz verriet nichts von der Verwirrung, Verzweiflung, Erschütterung der tschechischen Bürger – so wenig wie von der Entschlossenheit der Faschisten, die Macht an sich zu reißen. »Zehntausende Flüchtlinge aus den Grenzgebieten, die geflüchteten Antifaschisten, die brutal verfolgten Juden aus Österreich und Deutschland gerieten erneut unter die Herrschaft des NS-Regimes. Es entstand eine Massenpanik. Flucht erschien als die einzige Möglichkeit, sich zu retten. Der jüdische Journalist Jiri Weil, der den Krieg versteckt in Prag überleben sollte, schreibt über den 15. März: »Der Tod kam an jenem Tag in die Stadt, begleitet von Pfeifern, Roßschweifträgern, Totenköpfen und Trommelgedröhn. Die Menschen versuchten vor ihm zu fliehen, aber der Tod hatte schnellere Beine, ereilte sie auf den Straßen, in den Zügen und an den Grenzposten.«[15]

Der 2. Sekretär der amerikanischen Botschaft, George F. Kennan, schreibt in seinen Erinnerungen über die Situation am 15. März:

Nach dem Frühstück kehrte ich in mein Büro zurück. Ein Strom

---

13 Detlef Brandes: *Die Tschechen unter deutschem Protektorat*, München 1969, S. 15.
14 Demetz, a.a.O. (wie Anm. 11), S. 35 ff.
15 Jiri Weil: *Leben mit dem Stern*, München 2000, darin: »Klagegesang für 77297 Opfer«, S. 339.

verzweifelter Menschen belagerte die Gesandtschaft, und wir mußten am Eingang einen Mann postieren, um diejenigen abzuweisen, die wir nicht kannten. Aber es waren ohnehin zu viele ... Als ich vom Frühstück nach Hause kam, stellte ich fest, daß auch ich einen Flüchtling beherbergte, einen jüdischen Bekannten, der viele Jahre für die Amerikaner gearbeitet hatte. Ich sagte ihm, ich könne ihm kein Asyl gewähren ... 24 Stunden geisterte er in meinem Haus umher, ein von Furcht und Verzweifelung gezeichneter, bemitleidenswerter Mann. Unruhig ging er im Wohnzimmer auf und ab, rauchte eine Zigarette nach der anderen und war zu aufgeregt, um zu essen ... Sein Bruder und seine Schwägerin hatten sich nach Abschluß des Münchener Abkommens das Leben genommen, und er schien die Absicht zu haben, ihnen zu folgen. Anneliese versuchte, es ihm im Verlauf dieser Stunden auszureden, diesen Ausweg zu wählen, und zwar nicht weil sie oder ich im Hinblick auf sein künftiges Schicksal sehr optimistisch war, sondern zum Teil aus unserer grundsätzlichen angelsächsischen Einstellung heraus und zum Teil, um uns eine derartige Unannehmlichkeit zu ersparen.[16]

Hitler hatte am Morgen des 15. März beschlossen, nach Prag zu reisen. Seine Wagenkolonne erreichte die Stadt und ihr Quartier auf dem Prager Hradschin am Abend. Der Staatspräsident, der sich in einem anderen Teil der Burg aufhielt, wußte nichts von Hitlers Anwesenheit. In einem Aufruf an die deutsche Bevölkerung nannte Hitler zur Begründung für die Invasion der »Resttschechei« frei erfundene Übergriffe der Tschechen gegenüber der deutschen Zivilbevölkerung. Tags darauf erschien der Erlaß über die Errichtung des Protektorats Böhmen und Mähren. In der Präambel wurden die üblichen Propagandaformeln von der Lebensunfähigkeit des tschechischen Staates und der Berufung der deutschen Nation zur Führung des tschechischen Volkes wiederholt. Der Erlaß war eine sehr vage Rechtskonstruktion, seine Bestimmungen waren bewußt unklar formuliert. Der sogenannte Reichsprotektor als Vertreter des Führers und Reichskanzlers sowie als Beauftragter der Reichsregierung konnte alle Beschlüsse und Maßnahmen der untergeordneten tschechischen Protektoratsregierung aufheben. Er bestätigte außerdem die Mitglieder der Protektoratsregierung und konnte diese jederzeit entlassen.[17]

Im Laufe des Krieges wurde die Autonomie zu einer reinen Formsache. Alle Schlüsselfunktionen der »autonomen« Verwaltung wurden von Deutschen besetzt. Auf der unteren Verwaltungsebene kontrollierten zunächst 35 deutsche Oberlandräte die Verwaltungsbezirke des Protektorats. Bis zum Ende des Jah-

---

[16] George F. Kennan: *Diplomat in Prag 1938–1940. Berichte Briefe Aufzeichnungen*, Frankfurt 1972, S. 100 ff.
[17] Brandes, a.a.O. (wie Anm. 13), S. 30 ff.

res 1940 wurde deren Anzahl auf 15 reduziert. Sie waren lokale Herrscher, die in Zusammenarbeit mit dem Terrorapparat von Gestapo, SD und SS für die Durchsetzung der deutschen Besatzungspolitik sorgten. Es gab keine festgelegten territorialen Grenzen. Das Protektorat, das sind »die von den deutschen Truppen im März 1939 besetzten Landesteile der ehemaligen tschechoslowakischen Republik«. Diese Teile umfaßten 48.959 Quadratkilometer mit ca. 7,5 Millionen Einwohnern, davon ca. 230.000 Deutsche. Das Protektorat sollte eine Übergangserscheinung auf dem deutschen Weg zur Beherrschung des Kontinents sein. Deshalb gab es im Verlauf seiner sechsjährigen Existenz immer wieder Versuche regionaler NS-Machthaber, verschiedene Teile des Landes ihrem Herrschaftsgebiet einzuverleiben.[18]

Auf dem Gebiet des Protektorats etablierte sich die Ordnung des deutschen Rassestaats. Die auf diesem Territorium lebenden Bewohner deutscher Nationalität waren automatisch Reichsbürger und unterstanden deutschen Rechtsnormen. Die tschechischen Bewohner des Protektorats waren als Staatsangehörige des Protektorats Menschen zweiter Klasse. Sie waren geduldet und wurden vor allem für die deutsche Kriegswirtschaft gebraucht. Dennoch war ihr Schicksal abhängig vom Verlauf des Krieges. Die immense ökonomische Bedeutung des Protektorats für die deutsche Rüstungswirtschaft verhinderte zunächst die geplante radikale Germanisierung des Landes.

Der Einmarsch der deutschen Wehrmacht und der Bruch des gerade abgeschlossenen Münchener Abkommens stießen auf lahme Proteste von Seiten der ehemaligen Verbündeten Frankreich und England. Zwar war die Empörung der demokratischen Öffentlichkeit groß. Eine Abwendung von der bisherigen Politik der Beschwichtigung Deutschlands wurde von Seiten der Regierungen und der sie tragenden Parteien und Machtgruppen aber noch nicht vollzogen. Frankreich, Großbritannien und die USA akzeptierten bis Ende Mai die Umwandlung ihrer Botschaften in Konsulate. Dies erfolgte unter dem Vorbehalt der Nichtanerkennung des Protektorats. Lediglich die Sowjetunion verurteilte die Besetzung in einer scharfen diplomatischen Note. Das Vorgehen der deutschen Regierung sei »eigenmächtig, gewalttätig und aggressiv«. Die Sowjetunion verweigerte der Einverleibung von Böhmen und Mähren und der Unabhängigkeit der Slowakei ihre Zustimmung. Ein halbes Jahr später, nach Abschluß des deutsch-sowjetischen Vertrags vom 26. August 1939, änderte sich die Sicht der Dinge. Am 16. September wurde die Slowakei anerkannt, und im Oktober wurde die sowjetische Botschaft in ein Generalkonsulat umgewandelt.

---

18 ebd., S. 124 ff.

Das antisemitische ungarische Regime war einer der Profiteure der Zerschlagung der CSR. Bereits im November 1938 hatte es Teile der Ostslowakei annektiert. Im März 1939 erhielt Ungarn auch von Deutschland die Karpato-Ukraine zugesprochen – ein Gebiet von 12.700 Quadratkilometern mit etwa 725.000 Einwohnern. Das ungarische Regime liquidierte die verfassungsmäßige Ordnung der CSR und begann sofort mit der brutalen Unterdrückung der 120.000 jüdischen Bürger der CSR, die schließlich auf Initiative des deutschen Bundesgenossen in Frühjahr 1944 in Auschwitz ermordet wurden.[19]

Edvard Benes wurde zum Träger der tschechoslowakischen Hoffnungen auf Wiederherstellung der territorialen Integrität und Unabhängigkeit des Landes. Am 8. Juni 1939 sprach er in Chicago vor tschechoslowakischen Bürgern und verkündete die Forderungen des Exils und des Widerstands: »Wir sind durch das Münchener Diktat nicht gebunden ... Wir haben die deutsche Okkupation nicht anerkannt ... Wir haben den 14. und 15. März nicht anerkannt, und wir erkennen ihn nicht an. Die tschechoslowakische Republik besteht juristisch fort, und unsere internationalen Rechte und Verpflichtungen zwischen sonstigen Staaten und uns sind weiterhin gültig.«[20] Dies waren mutige Bekenntnisse. Doch die politische und militärische Lage im Juni 1939 war fast hoffnungslos.

Die Niederlage der tschechoslowakischen Demokratie, die Auslöschung ihrer staatlichen Existenz, die Aufteilung und territoriale Zerstückelung der tschechischen und slowakischen Kerngebiete bedeuteten nicht nur einen Triumph Deutschlands als Führungsmacht des weltweiten Faschismus. Mit der Tschechoslowakei verliert die jüdische Minderheit Europas einen ihrer zuverlässigsten Verbündeten. Während der gesamten Phase der militärischen und propagandistischen Mobilmachung Deutschlands gegen die CSR kommt es zu Pogromen und massenhafter Gewalt gegen die jüdische Bevölkerung im deutschen Machtbereich. Brutale Ausschreitungen, Plünderungen und Morde gegenüber der jüdischen Minderheit in Deutschland begleiten den Siegeszug gegen Österreich und die CSR. Nach der Besetzung Österreichs und der Zerschlagung der CSR befinden sich weitere 500.000 jüdische Männer, Frauen und Kinder in der Gewalt des Deutschen Reiches. Der von Deutschland 1933 begonnene Krieg gegen die Juden hat sich bis zum Sommer 1939 weiter radikalisiert und steht vor dem Übergang zum organisierten Massenmord.

---

19 Zur Ermordung der Juden in der Karpato-Ukraine: Davis Wyman und Charles H. Rosenzweig (Hg.): *The World Reacts to the Holocaust*, Baltimore 1996, darin: Livia Rothkirchen: »Czechoslowakia«, S. 156–199.
20 Brügel: *Deutsche und Tschechen*, Bd. 2, a.a.O. (wie Anm. 1), S. 11–13.

2. Deutsche Herrschaft: Terror und Völkermord

Zum Reichsprotektor von Böhmen und Mähren ernannte Hitler seinen ehemaligen Außenminister Konstantin von Neurath. Dieser wurde im Ausland als gemäßigt eingeschätzt. Seine Ernennung sollte demonstrieren, daß Deutschland gewillt war, bei tschechischem Wohlverhalten die Autonomie des Protektorats zu akzeptieren. Der adelige Neurath hatte seine Karriere 1917 als Kabinettschef des letzten Königs von Württemberg begonnen. Die Abschaffung der Monarchie war für den Monarchisten kein Karrierehindernis. Nach Stationen als Botschafter in Rom und London wurde er 1932 Reichsaußenminister in der Regierung Papen. Hitler übernahm ihn am 30. Januar 1933 in derselben Funktion in sein Kabinett. Die Errichtung der Diktatur und der damit einhergehende Massenterror waren für den »gemäßigten« Neurath kein Problem. 1937 wurde er von Hitler mit dem Goldenen Parteiabzeichen geehrt. Nach seiner Ablösung durch Ribbentrop war die Aufgabe in Prag ganz nach dem Geschmack des adligen Herrenreiters. Er residierte auf dem Hradschin der böhmischen Könige, war als leidenschaftlicher Jäger gerne Gast bei tschechischen und deutschen Großgrundbesitzern und immer bereit, die deutsche Politik im Sinne Hitlers umzusetzen. Tausende Menschen verloren während seiner Amtszeit ihr Leben. Die Entrechtung und Ausplünderung der jüdischen Bevölkerung wurde von ihm eingeleitet und in Zusammenarbeit mit SD, SS und Gestapo weiter verschärft.[21]

Dennoch erscheint Neurath im Vergleich zu seinem Stellvertreter, dem Staatssekretär Karl Hermann Frank, tatsächlich als »gemäßigt«. Frank hatte seine politische Laufbahn bei den Nationalsozialisten in den deutsch besiedelten Grenzregionen Böhmens begonnen. Sein Vater war ein großer Bewunderer des deutsch-völkischen Politikers Karl Hermann Wolf. Dieser radikalisierte unter den Deutschen Böhmen und Mährens den Kampf gegen das »Tschechentum« und organisierte vor allem in den deutschen Burschenschaften der Prager und Wiener Universität den Kampf für die deutsche Vorherrschaft innerhalb Österreich-Ungarns. Neben Wolfs »Deutsch-radikaler Partei« verfügte auch der deutsche Nationalist und manische Judenhasser Georg Ritter von Schönerer über erheblichen Anhang unter den Deutschen Böhmen und Mährens.

Unter der Parole »Ohne Juda, ohne Rom wird gebaut Ger-

---

21 Zur Rolle Neuraths bei der Formierung des antijüdischen Terrors: Marc Oprach: *Nationalsozialistische Judenpolitik im Protektorat Böhmen und Mähren. Entscheidungsabläufe und Radikalisierung*, Hamburg 2006, S. 31 ff.

maniens Dom« entfesselte Schönerer eine erfolgreiche antisemitische Agitation, die bei den deutschen Burschenschaften in Wien 1888 zum Ausschluß aller Mitglieder jüdischer Herkunft führte – unter ihnen der Journalist Theodor Herzl, der SPÖ-Gründer Viktor Adler und der Dichter Arthur Schnitzler. Andere deutsche Vereine, darunter der mitgliederstarke Alpenverein, Turnvereine und Leseclubs folgten dem Vorbild der Studenten. Das Wiener Vorbild wurde in Böhmen erfolgreich kopiert. Vor allem die starke tschechische Gewerkschaftsbewegung wurde zu einem Hauptziel der Agitatoren. 1903 gründeten völkische Radikale mit Unterstützung von Teilen der Gewerkschaft der deutschen Eisenbahner die Deutsche Arbeiterpartei. Die DAP wurde am 5. März 1918 in Deutsche Nationalsozialistische Arbeiterpartei (DNSAP) umbenannt. Ihre großdeutsche und antisemitische Zielsetzung diente als Vorbild für das Programm der im März 1920 in München gegründeten NSDAP.[22]

Dieser DNSAP schloß sich Karl Hermann Frank unmittelbar nach der Gründung an. Er war Buchhändler in Karlsbad und agitierte gegen die demokratische tschechoslowakische Republik, deren Gründung er wie viele Deutsche notgedrungen akzeptieren mußte. Er war ein radikaler Tschechen- und Judenhasser und begrüßte die Machtübernahme der NSDAP im Jahr 1933. Das im Oktober des gleichen Jahres erfolgte Verbot der DNSAP und ihrer Kampfverbände durch die tschechoslowakischen Behörden war seiner Karriere eher förderlich. Für die Mitglieder und Anhänger der DNSAP, fast ein Viertel der deutschen Wähler, diente die 1933 gegründete Sudetendeutsche Heimatfront (1935 umbenannt in Sudetendeutsche Partei) als neue organisatorische Basis. Frank wurde Abgeordneter des nationalen Parlaments in Prag und führte bereits als Mitglied der SS im Jahr 1938 die Verhandlungen mit der Prager Regierung nach der Weisung Hitlers, die sudetendeutschen Forderungen an die CSR so zu formulieren, daß diese nicht zustimmen könne.

Nach der Besetzung der Grenzgebiete durch die deutschen Truppen und der Bildung des Reichsgaus Sudetenland wurde Frank zunächst Stellvertreter des Sudetengauleiters Konrad Henlein. Seine guten Verbindungen zur SS führten dann nach der Bildung des Protektorats zu seiner Ernennung zum Staatssekretär des Reichsprotektors Neurath. Gleichzeitig avancierte er zum obersten SS- und Polizeiführer des Protektorats. Er kontrollierte damit den umfassenden deutschen Terrorapparat, der jeden Widerstand der Tschechen im Keim ersticken sollte. Allein die Gestapo in Prag verfügte über rund 850 Beamte. Das war die größte Dienststelle im Deutschen Reich. Die Dienststelle in

---

22 Brigitte Hamann: *Hitlers Wien. Lehrjahre eines Diktators*, München 1998, S. 346 ff.

Berlin beschäftigte nur halb so viele Mitarbeiter. Der Terrorapparat verfügte zudem über viele Sprach- und landeskundige Spezialisten. Vor allem die Absolventen der deutschen Karls-Universität tauschten gerne ihren studentischen »Wichs« mit den Ledermänteln der Gestapo und der schwarzen Uniform der SS. Im August 1941 waren auf dem Territorium des Protektorats über 1.800 Gestapo-Angehörige im Einsatz, deren Dienststellen sich in den fünf größten Städten des besetzten Landes befanden. Das Überwachungsnetz verfügte über die doppelte Stärke wie im Deutschen Reich und war sehr effizient. Neben der Gestapo, die seit 1938 mit der Kriminalpolizei zur Sicherheitspolizei verschmolzen war, sorgte der Sicherheitsdienst (SD), der Geheimdienst der SS, für die Unterdrückung jeder Widerstandstätigkeit. Im Sommer 1941, als nach dem Überfall auf die Sowjetunion die Stärke und Aktionsfähigkeit des Untergrunds zunahmen, wurde die Macht von SD und Gestapo durch die Einrichtung sogenannter Standgerichte erweitert. Der Sicherheitsapparat erhielt die Erlaubnis zum Massenmord. In Prag und Brünn verurteilten die ausschließlich aus Angehörigen der Sicherheitspolizei und des SD bestehenden Standgerichte Tausende von Menschen zum Tode oder deportierten sie in die Konzentrationslager Mauthausen und Dachau.[23]

Für die Forcierung des Terrors steht Reinhard Heydrich. In seiner Eigenschaft als Chef des Reichssicherheitshauptamtes (RSHA) kontrolliert er den Terrorapparat des Regimes. Am 27. September 1941 wird er von Hitler zum stellvertretenden Reichsprotektor ernannt und mit umfassenden Vollmachten ausgestattet. Die vollständige Zerschlagung des Widerstands, die Forcierung der Rüstungsproduktion und die Vernichtung der jüdischen Bevölkerung des Protektorats gehören zu seinen vordringlichsten Zielen, die er sofort in Angriff nimmt. Er kann dabei auf breite Unterstützung auch der deutschen Bevölkerung zählen, die von dem Mordexperten ein radikales Durchgreifen erwartet. In vielen Dokumenten und Stimmungsberichten von staatlichen Behörden und Parteistellen spiegeln sich diese Erwartungen eines großen Teils der deutschen Bevölkerung des Sudetengaus und des Protektorats.

Als Heydrich zehn Monate später, am 27. Mai 1942, durch Jozef Gabcik und Jan Kubis von der tschechoslowakischen Auslandsarmee, unterstützt von einem verzweigten Netz des tschechischen Widerstands, getötet wird, werden bis zum 1. September 1942 nach offiziellen Angaben der deutschen Besatzer 1.400 Menschen hingerichtet, über 3.000 tschechische Juden

---

23 Zur Gestapo: Oldrich Sladek: »Standrecht und Standgericht. Die Gestapo in Böhmen und Mähren«, in: G. Paul, Klaus Michael Mallmann: *Die Gestapo im besetzten Europa. Heimatfront und besetztes Europa*, Darmstadt 2000, S. 317 ff.

zur »Vergeltung« sofort von Prag aus in die Vernichtungslager deportiert und ermordet. Das Bergarbeiterdorf Lidice wird dem Erdboden gleichgemacht. Alle männlichen Bewohner werden erschossen, 172 Frauen in das Konzentrationslager Ravensbrück deportiert, die als nicht »eindeutschungsfähig« klassifizierten Kinder im Alter von ein bis 14 Jahren werden im Vernichtungslager Chelmo durch Gas erstickt. Zehntausende bewaffnete Deutsche – Wehrmacht, Gestapo und SS – durchkämmen systematisch Städte und Dörfer. 5.000 Ortschaften werden durchsucht und Millionen von Tschechen überprüft. In der Erinnerung der Tschechen sind der Terror der deutschen Besatzer seit dem Machtantritt Heydrichs und seine nochmalige Radikalisierung nach dessen Tötung als »Heydrichiade« lebendig. Neben den Massenhinrichtungen und Deportationen steht der Begriff auch für die allgegenwärtige Todesangst. Planer und Organisator der »Heydrichiade« ist Karl Hermann Frank. Er überzeugt Hitler und Himmler davon, daß der Terror selektiv bleiben muß und nicht in das unterschiedslose und flächendeckende Morden, wie es in Polen, Jugoslawien und der Sowjetunion praktiziert wird, umschlagen darf. Zu wichtig ist die Produktivität der tschechischen Rüstungsbetriebe für die deutsche Kriegführung.[24]

Das dichte System der Überwachung und des Terrors wurde von Frank auch nach dem Tod Heydrichs mit äußerster Brutalität und Effizienz geleitet. Oberstes Ziel der Besatzungspolitik war neben der Vernichtung der jüdischen Bevölkerung die Aufrechterhaltung und Steigerung der Rüstungsproduktion für die deutsche Militärmaschine. Die Abrechnung mit den Tschechen, die Ermordung und Deportation der meisten Bewohner des Protektorats, sollte erst nach dem deutschen Sieg erfolgen.

Düstere Drohungen gehörten dennoch zum Bestandteil öffentlicher Äußerungen Franks. Sie waren ernstgemeint und vertieften die bleierne Angst vieler Tschechen vor den deutschen Besatzern, die täglich bewiesen, daß sie bereit waren, erbarmungslos Tausende zu töten. Am 15. Oktober 1942 drohte Frank anläßlich der Umbenennung des Prager Moldau-Ufers nach Reinhard Heydrich vor Tausenden von Zuhörern:

Nochmals haben die Tschechen ihr Schicksal selbst in der Hand. Verstehen sie, es zu gestalten, d.h. fügen sie sich ohne jeden Widerstand und bekennen sich zu den höheren Reichsinteressen, so werden sie leben und nach dem Kriege an Kultur und Wohlstand des Reiches Anteil haben. Glauben sie aber, mit ihren unterirdischen, uns gut bekannten Methoden gegen Führer und Reich auch weiterhin konspirieren zu dürfen, und hören sie auch weiterhin auf ihre unrühmlich

---

24 Helmut G. Haasis: *Tod in Prag. Das Attentat auf Reinhard Heydrich*, Hamburg 2002, S. 124 ff.

entflohenen Emigranten, dann kommt ein Tag, an dem es für eine Umkehr endgültig zu spät sein wird. Sie werden dann nicht mehr in der Lage sein, Ordnung und Frieden im Herzen des kämpfenden Reiches zu stören. Das Reich hat heute alle Möglichkeiten in der Hand, auch im Kriege. Es ist lächerlich zu glauben, es ginge dann noch um einen politischen Kuhhandel, um Autonomie oder um sogenannte Germanisierung. Die weitere Entwicklung ihres politischen Verhaltens wird über das Schicksal des tschechischen Volkes in Böhmen und Mähren entscheiden.[25]

Frank verkörpert bis zur deutschen Niederlage die Kontinuität deutscher Herrschaft im Protektorat, das zu einer Domäne der SS wird. Als er 1943 zum Staatsminister für Böhmen und Mähren ernannt wird, ist er am Ziel seiner Wünsche.[26] Der neue Reichsprotektor Frick, der später als einer der Hauptkriegsverbrecher in Nürnberg zum Tode verurteilt wird, hat lediglich noch repräsentative Funktionen als formales Oberhaupt des Protektorats.

Den Tschechen sind die deutschen Planungen und Denkschriften über ihr weiteres Schicksal in Umrissen bekannt. Jede deutsche Abteilung und jeder Funktionär, der etwas auf sich hält, beteiligt sich an Planspielen und Debatten über die Lösung der »Tschechenfrage«. Einig ist sich der deutsche Besatzungs- und Terrorapparat darin, daß das gesamte Gebiet des Protektorats eingedeutscht werden soll. Die Planungen hierfür setzten bereits vor dem Münchener Abkommen ein. Besonders innerhalb der Sudetendeutschen Partei Konrad Henleins wird die rücksichtslose »Germanisierung« des gesamten »Raumes« verlangt. Der Begriff »Tschechische Nation« oder »Tschechisches Volk« wird vermieden. Die Verwendung des Begriffs »Raum« antizipiert bereits den geplanten Massenmord an den Tschechen.[27]

Allerdings sind dem völkischen Radikalismus durch die ökonomischen Erfordernisse der deutschen Rüstungsindustrie Grenzen gesetzt. Selbst in den okkupierten Grenzgebieten, die zum NS-Mustergau erklärt wurden, kann die »Tschechenfrage« nicht im Sinne der endgültigen Liquidierung der Minderheit gelöst werden. Die verbliebenen 300.000 Tschechen dürfen als rechtlose und minderwertige Parias leben. Der öffentliche Gebrauch ihrer Sprache wird untersagt. Ihre Schulen und kulturellen Einrichtungen werden verboten. Der völkische Radikalismus macht sich aber in sporadischen Enteignungs- und Terroraktionen gegen die verbliebene nicht-deutsche Bevölkerung immer wieder bemerkbar.[28]

---

25 Franz Höller: *Prager Jahrbuch 1943*, Prag 1943, S. 14 ff.
26 Glettler u.a., a.a.O. (wie Anm. 1), darin: Rene Küpper: »Karl Hermann Frank als Deutscher Staatsminister für Böhmen und Mähren«, S. 31–53.
27 Brandes, a.a.O. (wie Anm. 13), S. 234 ff.
28 Zimmermann, a.a.O. (wie Anm. 1), S. 98.

Das hochindustrialisierte Böhmen ist noch nicht reif für die Maßnahmen einer »völkischen Flurbereinigung« wie das okkupierte Polen, wo Zehntausende Angehörige der Führungsschicht innerhalb kürzester Zeit ermordet und über eine Million Menschen unter brutalsten Bedingungen aus den westlichen Gebieten des sogenannten Warthegaus und Posens ausgesiedelt werden. Im Protektorat herrschen andere politische Bedingungen. Die NS-Führungsgruppen sind sich über das weitere Vorgehen unschlüssig. Die Heftigkeit der Debatte zeigt sich in einer Flut von Memoranden, Denkschriften und Planspielen. Verschiedene Meinungen waren durchaus erwünscht. Der Kern der Debatte bestand in der Frage, wie viele Tschechen ein Lebensrecht haben und wie die Kriterien der Ausmerzung definiert werden.[29]

Dabei ist bei den deutschen Planern und Diskutanten Konsens, daß Millionen Tschechen nach einem deutschen Sieg getötet oder ausgesiedelt werden. Neurath als oberster Repräsentant des deutschen Besatzungsapparats und sein Stellvertreter Karl Hermann Frank entwerfen Planungspapiere, die sie am 23. September 1940 in Berlin Hitler vorstellen. Beide haben das gemeinsame Interesse, ihre politische Macht gegenüber konkurrierenden Parteistellen und Ministerialbürokratien zu behaupten. Alle Pläne für eine Aufteilung des Protektorats auf verschiedene Gaue werden von Hitler abgelehnt. Als Endziel der deutschen Politik wird die Eingliederung des »böhmisch-mährischen Raumes« in das Großdeutsche Reich und seine Besiedlung mit Deutschen festgelegt. Um dieses Ziel zu erreichen, soll der größere Teil der Tschechen, der als rassisch geeignet erscheint, einer radikalen Germanisierungspolitik unterworfen werden. Ein nicht bezifferter Teil soll ausgesiedelt oder als Bestandteil der Intelligenz ermordet werden. Anschließend sei es nötig, den frei gewordenen Raum mit Deutschen zu besiedeln. Diese Planungen sollten bis zu einem deutschen Sieg detailliert ausgearbeitet und erste Maßnahmen bereits während des Krieges umgesetzt werden.

Bereits im November 1939 wurden nach Studentendemonstrationen alle Universitäten des Landes geschlossen. Diese Maßnahme, zunächst für drei Jahre vorgesehen, wurde 1942 auf unbestimmte Zeit verlängert. 1.200 Studenten wurden in das Konzentrationslager Sachsenhausen eingeliefert. Lediglich ausgewählten Kollaborateuren sollte der Zugang zu deutschen Universitäten in Zukunft erlaubt sein.

Neben der Schließung der Hochschulen war die Ansiedlung von deutschen Familien eines der Hauptziele der deutschen Besatzungsverwaltung. Dazu wurde als zentrale Institution das Prager Bodenamt übernommen. Ursprünglich eine Einrich-

---

29 Brandes, a.a.O. (wie Anm. 13), S. 234 ff.

tung des tschechoslowakischen Staates zur Durchführung der demokratischen Landreform 1919/20 im Interesse der Landarbeiter, Pächter und Kleinbauern, diente das Amt mit seinem umfassenden Kataster und seinen Dokumenten nun dem Rasse- und Siedlungshauptamt der SS. Die SS-Planer entwickelten weitreichende Neuordnungspläne für die Siedlungsstruktur des Landes. Besonders in Mähren, wo ein größerer Teil der 1940 auf 245.000 Menschen geschätzten »Protektoratsdeutschen« lebte, sollte mit der Germanisierung begonnen werden. In den ersten Jahren der Besatzung war die Schaffung geschlossener deutscher Siedlungsgebiete eines der Hauptziele der Planer. Die Aufgabe bestand darin, diese Gebiete zu konsolidieren und das tschechische Siedlungsgebiet in kleinere Teile zu zersplittern. Auf diese Weise sollten sogenannte Volkstumsbrücken geschaffen werden, um die kompakten deutschen Gebiete miteinander zu verbinden. Die geplante Reichsautobahn Zittau–Brünn sollte die Schaffung neuer Siedlungen zu einer kompakten Kette deutscher Ortschaften und Kleinstädte forcieren.

In der rassischen Hierarchie des Protektorats bildeten die Deutschen, die auch Bürger des Reiches waren, die herrschende Schicht. Sie waren in jeder Hinsicht privilegiert. Viele wurden in den Staats- und Verwaltungsapparat der Besatzungsmacht übernommen. Allein die Übernahme der kommunalen Verwaltungen schuf viele herausgehobene Positionen. Nach einem Verzeichnis der Behörde des Reichsprotektors vom 1. Januar 1943 gab es in Böhmen 82 Gemeinden, an deren Spitze ein deutscher Regierungskommissar oder Bürgermeister stand, in Mähren belief sich die Zahl der von den Deutschen beherrschten Gemeinden auf 198.[30]

Im Rahmen der Germanisierung wurden insgesamt 16.000 Höfe enteignet oder beschlagnahmt. Die Historikerin Isabel Heinemann kommt in ihrer Untersuchung über die Arbeit des SS-Rasse- und Siedlungshauptamts zu dem Ergebnis, daß über 50.000 Hektar landwirtschaftlicher Nutzfläche – mehr als ein Zehntel des nutzbaren Bodens – beschlagnahmt wurden. Der Aufbau von Truppenübungsplätzen entvölkerte 245 Gemeinden. 15.000 Menschen verloren ihren Besitz. Die Ansiedlung von Volksdeutschen aus anderen Regionen Europas kam freilich über Anfänge nicht hinaus. Lediglich 5.000 Menschen, vor allem aus Südtirol und dem rumänischen Bessarabien, bekamen enteignete tschechische Hofstellen.[31]

---

30 Petr Nemec: »Die Lage der deutschen Nationalität im Protektorat Böhmen und Mähren unter dem Aspekt der ›Eindeutschung‹ dieses Gebietes«, in: *Bohemia*, Bd. 32, 1991.

31 Isabel Heinemann: *Rasse, Siedlung, deutsches Blut: Das Rasse- und Siedlungshauptamt der SS und die rassenpolitische Neuordnung Europas*, Göttingen 2003, S. 127 ff.

Die rassenbiologische Bestandsaufnahme zur späteren Selektion der tschechischen Bevölkerung wurde »wissenschaftlich« an der deutschen Karls-Universität in Prag vorgedacht, geplant und durchgeführt. Man setzte Röntgenzüge ein, um mit den dabei gewonnenen Untersuchungsergebnissen über die »Eindeutschungsfähigkeit« oder die Deportation entscheiden zu können. Im Sommer 1942 wurde die Aktion auf die Bezirke Budweis und Pardubitz ausgeweitet. Der Historiker Detlef Brandes kommt zu dem Ergebnis, daß auch 9.000 Bahnbeamte und 7.000 Postbedienstete dieser Prozedur unterzogen wurden. Das Rasse- und Siedlungshauptamt der SS verfügte zeitweise über fünf Röntgenzüge. Isabel Heinemann schätzt, daß allein im Protektorat 100.000 Menschen »rassisch« geröntgt worden sind. Unter dem Vorwand von Gesundheitsuntersuchungen wurden vor allem Schulkinder »rassisch« bewertet. Eingeteilt wurden die Kinder nach den Kriterien Größe, Alter, Körpergewicht, Augenfarbe, Haarfarbe, Körperbau, Hautfarbe, Hinterkopf.[32]

30 Rasseprüfer der SS waren damit beschäftigt, das gesammelte Material auszuwerten und die Menschen zu kategorisieren. Der Chefplaner der SS, Konrad Meyer, wollte die tschechische Bevölkerung des Protektorats, rund 7,5 Millionen Menschen, halbieren. Nur die Hälfte sei eindeutschungsfähig. Die mehr als 200.000 Deutschen sollten, aufgestockt durch die Ansiedlung von 1,4 Millionen Volks- und Reichsdeutschen, die dominierende Bevölkerung des Protektorats bilden. Was mit den rund 3,5 Millionen »überflüssigen« Tschechen geschehen sollte, überließ Meyer den Experten. Diese besprachen das auf einer unübersehbaren Zahl von Tagungen und Konferenzen. Die obsessive Beschäftigung mit der »Tschechenfrage« war ein Merkmal der deutschen Besatzungsherrschaft, nachweisbar fast bis zur endgültigen militärischen Niederlage. Auffällig ist die Brutalisierung und zunehmende Primitivität der Sprache in den internen Dokumenten. Die Bereitschaft zum Massenmord konnte sich aufgrund der politischen und ökonomischen Schranken, die die Kriegswirtschaft setzte, fast nur verbal realisieren. Auf einem Treffen hoher Funktionäre der SS, des SD und der NSDAP des Protektorats und des Sudetengaus in Karlsbrunn wurden noch im Mai 1944 Szenarien für die endgültige Vernichtung der tschechischen Nation diskutiert. Im Protokoll heißt es:

Das Fernziel nationalsozialistischer Reichspolitik in Böhmen und Mähren muß auf die Wiedergewinnung des Bodens und der auf ihm siedelnden Menschen für das deutsche Volkstum und für die Reichsidee gerichtet sein. Um dies erreichen zu können, gibt es zwei Möglichkeiten, entweder: a) die totale Aussiedlung der Tschechen aus Böhmen

---

32 ebd.

und Mähren in ein Gebiet außerhalb des Reiches, b) bei Verbleib des Großteils der Tschechen in Böhmen und Mähren die gleichzeitige Anwendung vielfältigster der Assimilation und Umvolkung dienender Methoden nach einem X-Jahresplan. Dabei können drei Grundlinien verfolgt werden:

1. die Umvolkung der rassisch geeigneten, also blutsmäßig für uns erwünschten Tschechen. 2. die Aussiedlung von rassisch unverdaulichen Tschechen und aller destruktiven Elemente der reichsfeindlichen Intelligenzschicht. 3. Die Neubesiedlung dadurch freigewordenen Raumes mit frischem deutschen Blut.[33]

Frank lobte auf der Konferenz die Effizienz des deutschen Terrorregimes: »Wir haben heute noch monatlich rund hundert Todesurteile und greifen blitzschnell und schärfstens eventuell mit Sonderbehandlung dort zu, wo gegen das Reich gearbeitet wird. Wir haben uns allerdings abgewöhnt, wie früher Bekanntmachungen darüber an die große Glocke zu hängen.«[34]

Die versammelten Funktionäre des deutschen Besatzungsapparats hatten bereits ihre Erfahrungen mit der systematischen Tötung von Zehntausenden tschechoslowakischen Bürgern gemacht. In nur vier Jahren war es ihnen gelungen, die jüdische Bevölkerung Böhmens und Mährens fast restlos zu ermorden. Ihre Entrechtung, Ausplünderung, Deportation und Ermordung war untrennbar verbunden mit der geplanten Germanisierung des Landes. Der tschechischen Bevölkerung erschien die Massentötung der Juden wie eine Vorwegnahme ihres Schicksals im Fall eines deutschen Sieges.

Die Vernichtung der jüdischen Bevölkerung des Protektorats

Die Machtübernahme der NSDAP am 30. Januar 1933 in Deutschland bedeutet nicht nur die Errichtung der Terrorherrschaft und die Zerschlagung der liberalen Demokratie und der Arbeiterbewegung. Die NSDAP und ihr Führer repräsentieren zugleich die radikalste antisemitische Bewegung der Geschichte, die in Deutschland zur Staatsmacht wird. Das Endziel des Deutschen Reiches und der von ihm angeführten Internationale der Antisemiten sind die planetarische Auslöschung der Juden und die Neuordnung der menschlichen Zivilisation auf der Basis radikaler menschlicher Ungleichheit. Eine   Hierarchie innhalb der Menschheit wird konstrui und höherwertige Rassen eingeteilt. A chie stehen die Juden, die das schlicht che Antirasse darstellen. An ihre Vern chatologische Endzeiterwartungen e

---

33 Fremund, Kral, a.a.O. (wie Anm. 8), S. 163 f
34 ebd., S. 168 ff.

Planeten und der dann einsetzenden »tausendjährigen« Herrschaft der arischen Rasse.

Die Expansion des Deutschen Reiches ist seit der Annexion Österreichs am 15. März 1938 immer auch begleitet von einer Verschärfung des antisemitischen Terrors im Innern und der Übertragung und Radikalisierung dieser Politik in die und in den neu okkupierten Gebiete/n. Die demokratische CSR hatte in der Zeit vor dem Münchener Abkommen vielen Tausenden von jüdischen Flüchtlingen Asyl geboten. Von Prag aus war es möglich gewesen, die Auswanderung nach Übersee oder Palästina zu organisieren. Die Annexion der Grenzgebiete im Oktober 1938 und der Terror der sudetendeutschen Volksgemeinschaft hatten zu einer panikartigen Flucht von 25.000 Menschen jüdischer Herkunft in den verbliebenen tschechischen Landesteil geführt. Am 15. März 1939 lebten etwa 118.000 Juden auf dem Gebiet des Protektorats, die sofort alle politischen Rechte, die ihnen die demokratische Ordnung seit zwanzig Jahren gewährte, verloren.[35]

Schon am 3. September 1918 hatte der zukünftige Präsident der Republik, Thomas G. Masaryk, in den USA versichert, die Juden würden dieselben Rechte haben wie alle anderen Bürger. Nach seiner triumphalen Rückkehr nach Prag empfing er am 31. Dezember 1918 die Abgesandten des Jüdischen Nationalrats und verpflichtete sich, die individuellen und kollektiven Rechte der jüdischen Bürger in der Verfassung der Republik und ihren Ausführungsbestimmungen zu garantieren. Das Gesetz Nr. 592 der neugegründeten CSR verankerte 1919 für jeden Bürger das Recht, seine nationale Zugehörigkeit frei zu wählen. In Böhmen bekannten sich 49,9 Prozent der Juden zur tschechoslowakischen, 34,6 Prozent zur deutschen und 14,6 Prozent zur jüdischen Nationalität. In Mähren wählten 15,1 Prozent die tschechoslowakische, 34,8 Prozent die deutsche und 47,8 Prozent die jüdische.[36]

Die etwa 360.000 Menschen umfassende jüdische Minderheit gehörte zu den Bevölkerungsgruppen, die die demokratische CSR am entschiedensten unterstützten. Die CSR war das einzige Land, in dem es gelang, zeit ihres Bestehens den auch unter den Tschechen weitverbreiteten Antisemitismus zurückzudrängen und gesellschaftlich zu ächten. Der tschechische politische Antisemitismus war mit der allmählichen Herausbildung einer tschechischen bürgerlichen Gesellschaft innerhalb der Habsburger Monarchie entstanden. Er war entschieden an-

---

35 H.G. Adler: *Theresienstadt 1941–45. Das Antlitz einer Zwangsgemeinschaft*, Göttingen 2005, S. 3 ff.

Frank Hadler: »Erträglicher Antisemitismus? – Jüdische Fragen und tschechoslowakische Antworten 1918/19«, in: Simon-Dubnow-Institut: *Jahrbuch 2002*, Leipzig

tideutsch. Die Juden, die sich als loyale Bürger der Monarchie betrachteten, fühlten sich der deutschen Kultur und Sprache verbunden. Deren Übernahme bot die Möglichkeit zu gesellschaftlichem Aufstieg und persönlicher Gleichberechtigung. Dies stieß auf den erbitterten Haß tschechischer Nationalisten, die die Juden als Agenten der Germanisierung und der Aufrechterhaltung deutscher Vorherrschaft denunzierten.[37]

Dem fortschrittlichen Teil der tschechischen Nationalbewegung, die ein breites Bündnis aus Arbeitern, Bauern, Intellektuellen und dem aufstrebenden Bürgertum der großen Städte repräsentierte, gelang es, diese Zuwendung der jüdischen Bevölkerung zur deutschen Kultur und Sprache allmählich zu ändern, besonders angesichts des wachsenden rassischen Antisemitismus der deutschen Bevölkerung Böhmens und Mährens. Die sich ökonomisch, kulturell und politisch formierende tschechische Nation gründete ihre nationalen Mythen auf die fortschrittlichen Traditionen der böhmischen Reformation. Indem man den 1415 als Ketzer in Konstanz verbrannten Prager Reformator Jan Hus zum frühen tschechischen Kämpfer für Gerechtigkeit und Gleichberechtigung erklärte, wurde das egalitäre Erbe der radikalen Hussiten, die einen jahrzehntelangen Krieg gegen den böhmischen Feudaladel und die mit ihm verbundene katholische Kirche geführt hatten, zum ideologischen Grundbestand der politischen Trägerschichten der tschechischen bürgerlichen Revolution. Nach der Gründung der Republik konstituierte sich eine einflußreiche neuhussitische Nationalkirche, die, vergleichbar etwa mit der reformierten protestantischen Kirche Frankreichs oder den puritanischen Gemeinschaften Nordamerikas, über erheblichen Einfluß und Mobilisierungskraft verfügte. Die theologische Nähe der reformierten tschechischen Kirche zu den Überlieferungen der jüdischen Religion verhinderte die Entstehung eines christlich fundierten mörderischen Judenhasses, der sich innerhalb der tschechischen Nationalbewegung ähnlich wie in Deutschland oder Polen im 19. Jahrhundert zum rassischen Antisemitismus hätte weiterentwickeln können.[38]

Die hussitischen Theologen und Prediger hatten als erste im mittelalterlichen Europa das mörderische Bild von den Juden als Antichristen und Jünger Satans in Frage gestellt. Die Identifikation der Juden mit dem schlechthin Bösen wurde auf-

---

37 Jiri Kudela: »Die historischen Wurzeln des Rassenantisemitismus in den böhmischen Ländern. Juden zwischen Tschechen und Deutschen (1780–1870/1918)«, in: Joerg K. Hoensch, Stanislav Biman und Lubomir Liptak: *Judenemanzipation – Antisemitismus – Verfolgung in Deutschland, Österreich-Ungarn, den böhmischen Ländern und der Slowakei*, Essen 1999.
38 Rudolf Urban: *Die tschechoslowakische Hussitische Kirche*, Marburg 1973, aktualisierte Fassung seiner 1937 in Leipzig erschienenen Dissertation.

gehoben. Der Haß, der früher den Juden gegolten hatte, richtete sich nun gegen die falschen Christen, die man für Glieder am Körper des Antichristen hielt. Folgerichtig kam es im Verlauf der sogenannten Hussitenkreuzzüge des katholischen Europa, etwa dem von 1421 in Österreich, immer wieder zu Massakern an den jüdischen Gemeinden, die man als Verbündete der Hussiten ansah.[39]

In der nationalsozialistischen Propaganda, in der das Bild einer mörderischen bolschewistisch-hussitischen Tradition entworfen wurde, ist das Motiv der von Juden beherrschten tschechischen Nation integriert. Diese Bilder knüpfen an ältere Dämonisierungen der hussitischen Bewegung an, die die Herrschaft der katholischen Habsburger und Feudalherren in Böhmen und Mähren legitimieren sollten. Präsident Masaryk repräsentierte in den Augen der deutschen Nationalisten all die verhaßten demokratischen und egalitären Traditionen, die in die erfolgreiche Staatsgründung von 1918/19 mündeten. Masaryk verteidigte 1899 in einem der letzten Ritualmordprozesse Mitteleuropas den jüdischen Angeklagten Leopold Hülser. Er wurde dafür von einem Teil der tschechischen Nationalisten, die die jüdische Bevölkerung als »Speerspitze der Germanisierung« betrachteten, heftig angegriffen und des nationalen Verrats bezichtigt. Bereits im Jahr 1886 hatte er durch den Nachweis, daß berühmte mittelalterliche Handschriften, die beweisen sollten, daß die Tschechen über eine ältere Literatur als die Deutschen verfügten, nur eine geschickte Fälschung waren, den Zorn vieler Nationalisten auf sich gezogen. Sein politisches Modell der tschechoslowakischen Republik war letztlich erfolgreich, und er wurde 1919 zum ersten Präsidenten der Republik gewählt. Bis zu seinem Tod am 14. September 1937 wurde er viermal wiedergewählt. Seine Beerdigung am 21. September 1937 in der Hauptstadt Prag wurde durch die Teilnahme von über einer Million Menschen zu einer historischen Demonstration für die Verteidigung der demokratischen Republik.[40]

Das von Masaryk verkörperte politische Zentrum des Landes, »die Burg«, genannt nach der Prager Residenz des Präsidenten, bekämpfte den auch in den 20er Jahren sich artikulierenden Antisemitismus mit allen Mitteln und erreichte seine gesellschaftliche und politische Isolierung innerhalb der tschechischen Bevölkerung. Masaryk unterstützte den politischen Zionismus und besuchte als erster europäischer Staatspräsident 1927 die Jüdische Gemeinschaft in Palästina. Besonders

---

39 Ruth Kerstenberg: »Hussitentum und Judentum«, in: Samuel Steinherz (Hg.): *Jahrbuch der Gesellschaft für Geschichte der Juden in der tschechoslowakischen Republik*, 8. Jg., Prag 1936.
40 Eine schöne Einführung in Leben und Werk Masaryks bietet Karel Capek (Hg.): *Masaryk erzählt sein Leben. Gespräche mit Karel Capek*, Berlin 1936.

interessiert war er an den sozialistischen landwirtschaftlichen Kibbuzim. Dieses Interesse war auch historisch begründet. Die Siedlungsgemeinschaften der Herrenhuter Gemeinden und der mährischen Brüder, beides Ableger der hussitischen böhmischen Reformation, hatten im 16. und 17. Jahrhundert auf der Flucht vor Verfolgungen in Mähren religiöse kommunitäre Gemeinschaften gebildet, die vieles gemeinsam hatten mit den kommunistischen Prinzipien der jüdischen Ansiedlungen in Palästina. Prag und Karlsbad wurden in den 20er und 30er Jahren dank der Unterstützung der tschechoslowakischen Regierung zu bevorzugten Versammlungsorten der zionistischen Bewegung. Dies alles schuf enge politische und kulturelle Verbindungen zwischen Teilen der tschechoslowakischen Gesellschaft und der jüdischen Nationalbewegung, die schließlich neben anderen Gründen zur umfassenden militärischen Hilfe für Israel im Unabhängigkeitskrieg 1948 führte.[41]

Die zwanzig Jahre der Masarykschen Republik waren für die Juden der CSR eine Epoche wachsenden Selbstbewußtseins und politischen, ökonomischen und kulturellen Aufschwungs. Die Orientierung der Juden in den westlichen Landesteilen nach Deutschland und Österreich und die Orientierung in den östlichen Landesteilen nach Ungarn nahm ab. Es entwickelte sich ein tschechoslowakischer Patriotismus, der sich mühelos mit jüdischem Selbstbewußtsein vereinbaren ließ. In der Karpato-Ukraine, dem Landesteil mit dem höchsten jüdischen Bevölkerungsanteil (15 Prozent), entstand mit Unterstützung zionistischer Organisationen und des Präsidenten sogar ein Schulsystem mit hebräischer Unterrichtssprache.

Für die jüdische Bevölkerung Ungarns, Rumäniens und Polens, die unter einer Welle staatlich organisierter oder geduldeter Diskriminierung und Gewalt litt, war die CSR das Beispiel einer Gesellschaft, in der jede antisemitische Diskriminierung gesetzlich verboten war und in der dieses Verbot auch durchgesetzt wurde. So standen die Universitäten der CSR jedem Studenten aus diesen Ländern offen, der wegen des diskriminierenden Numerus clausus für Juden keinen Studienplatz in Warschau oder Budapest erhalten konnte.[42]

Entrechtung und Ausplünderung

Mit dem Einmarsch der Wehrmacht veränderte sich die Situation grundlegend. Die tschechische Bevölkerung lehnte in ihrer übergroßen Mehrheit jede antisemitische Gewalt ab. Anders

---

41 Christoph Stölzl: »Die ›Burg‹ und die Juden. T. G. Masaryk und sein Kreis im Spannungsfeld der jüdischen Frage: Assimilation, Antisemitismus und Zionismus«, in: Karl Bosl (Hg.): *Die »Burg«. Einflußreiche politische Kräfte um Masaryk und Benes*, München 1974.
42 Peter Demetz, a.a.O. (wie Anm. 11), S. 111–121.

als in Österreich oder dem Sudetenland konnte sich das neue Regime auf kein nennenswert aktives antisemitisches Potential stützen. Die einheimischen tschechischen Faschisten waren sehr schwach und erreichten bei den letzten freien Parlamentswahlen nur zwei Prozent der Stimmen. Die Schwäche des tschechischen Faschismus resultierte aus der Tatsache, daß die stärkste Bewegung des weltweiten Faschismus deutsch war. Die Anhängerschaft der chauvinistischen, extrem nationalistischen Rechten aber haßten die Deutschen noch mehr als die Demokratie und die Sowjetunion. Für den größten Teil der Bevölkerung war die Beteiligung an antijüdischen Aktionen moralisch ein Tabu. Ein Ausschluß von Juden aus der sich bildenden Widerstandsbewegung und den militärischen Einheiten der Auslandsarmee war, anders als in Polen, unvorstellbar.

Mit dem Einmarsch der deutschen Truppen begann der Aufbau des antijüdischen Terrorapparats. Gestapo und SD, unterstützt von deutschen Studenten der Karls-Universität, die über tschechische Sprachkenntnisse verfügten, begannen mit Hausdurchsuchungen und Beschlagnahmungen von Mitgliederverzeichnissen der jüdischen Kultusgemeinden. Für die geplante vollständige Erfassung und Kennzeichnung aller Juden des Protektorats war die Rubrik über die Religionszugehörigkeit in den Personaldokumenten von großer Bedeutung.[43]

Schnell war klar, daß es von Seiten der Deutschen kein Interesse daran gab, nennenswerte jüdische Vermögenswerte kollaborationsbereiten Tschechen zu überlassen. Entscheidende Grundlage für die antisemitische Politik wurde die Verordnung des Reichsprotektors vom 21. Juni 1939. Mit der Verordnung erlangten die Nürnberger Rassegesetze Gültigkeit im Protektorat. Es wurde festgelegt, wer nach den NS-Kriterien als Jude bzw. Halbjude ersten und zweiten Grades zu gelten hatte. Durch diese Regelung wurden 15.000 Menschen, die konfessionslos waren oder einer anderen Konfession angehörten, zu Juden erklärt. Mit der Verordnung wurde den jüdischen Bürgern auch bereits die Verfügungsgewalt über ihr Eigentum genommen. Es wurde festgelegt, wann ein Betrieb als jüdisch zu gelten hatte. Die Kriterien waren dabei so großzügig gewählt, daß auch tschechisches Eigentum konfisziert werden konnte. Sämtliches Vermögen mußte deklariert werden. Forst- und landwirtschaftlicher Besitz mußte bei den Oberlandratsämtern angemeldet werden. Die Nationalbank registrierte Gold, Silber, Edelsteine und Perlen. Eine erste Bestandsaufnahme ergab einen Wert von 440 Millionen Kronen (etwa 55 Millionen Reichsmark). Im März 1941, vor Beginn der Deportationen, bezifferte ein Bericht der

---

43 Zum Beginn der antijüdischen Politik: Marc Oprach, a.a.O. (wie Anm. 21), S. 39 ff.

Gestapo den Wert des beschlagnahmten jüdischen Eigentums auf rund eine Milliarde Reichsmark. Die Verordnung bildete in der Folge die Grundlage für die schnelle und totale Enteignung der jüdischen Bevölkerung.

Dafür wurde eine eigene Einrichtung geschaffen, die den maximalen Profit für den deutschen Besatzungsapparat sicherstellen sollte. Die Gründung der »Zentralstelle für jüdische Auswanderung« erfolgte in Prag am 15. Juli 1939 durch einen Erlaß Neuraths. Vorbild war die von Adolf Eichmann in Wien gegründete Institution. In dieser Phase der antijüdischen Politik, unmittelbar vor dem Überfall auf Polen, sollten so schnell wie möglich alle Juden unter Zurücklassung ihres Eigentums den deutschen Machtbereich verlassen. Die Prager Zentralstelle wurde mit der Durchführung dieser Aufgabe im Protektorat betraut. Daraus entwickelte sich im fortschreitenden Prozeß der Vernichtung allmählich die Zuständigkeit für alle »Judenangelegenheiten«. Zum Leiter wurde der SD-Führer und Befehlshaber der Sicherheitspolizei im Protektorat (Sipo), Walter Stahlecker, ernannt. Damit hatten der Polizeiapparat und die SS die Kontrolle über die antijüdische Politik übernommen. Die Zentralstelle war Adolf Eichmann und seinem Berliner Apparat unterstellt. Mit der Gründung des Reichssicherheitshauptamtes am 23. September 1939 vereinigten sich Gestapo, Kriminalpolizei und der Sicherheitsdienst der SS. Die neue Institution sollte die Gegner des NS-Regimes vernichten. Zum ersten Befehlshaber wurde Reinhard Heydrich ernannt. Eichmann war Leiter der Untergruppe IV b 4 für »Judenangelegenheiten, Räumungsangelegenheiten, Einziehung volks- und staatsfeindlichen Vermögens, Aberkennung der reichsdeutschen Reichsangehörigkeit«. In dieser knappen Zuständigkeitsbeschreibung verbarg sich der Ablauf der Vernichtung der europäischen Juden, zu dessen exekutiver Umsetzung die »Eichmann-Männer« bald im deutschen Machtbereich mit Engagement, Effizienz und Kreativität einen wesentlichen Beitrag leisteten. Wie auch die Männer und Frauen in Prag, die die Verantwortung für die Umsetzung der Weisungen aus Berlin trugen.

Zum »Dienststellenleiter« in Prag wurde auf Vorschlag Eichmanns der SS-Sturmbannführer Hans Günther ernannt. Günther schuf einen effizienten, reibungslos funktionierenden Apparat. Seine Tätigkeit bestand im wesentlichen darin, in Abstimmung mit Berlin die Tötung Zehntausender Menschen zu organisieren und das Eigentum der Ermordeten in deutschen Besitz zu bringen. Die Organisation der Auswanderung war nur in den ersten Monaten das Hauptbetätigungsfeld seiner Untergebenen, die in einer großen Villa, die einst die holländische Gesandtschaft beherbergt hatte, residierten. Am 1. März 1941 arbeiteten in der Zentralstelle 47, in einer Außenstelle der mährischen Hauptstadt Brünn noch einmal 19 Personen. Die wesentlichen bürokratischen Arbeiten wurden von der Jüdischen Kultusgemeinde Prag verrichtet. Diese war der Zentralstelle zum bedingungslosen Gehorsam verpflichtet. Die Erfassung und bürokratische Organisation der Enteignung, schließlich die Deportation nach Theresienstadt und in die Ghettos in Lodz und Minsk erfolgten durch jüdische Mitarbeiter der Kultusgemeinde. Die jüdischen Funktionäre der Gemeinden wurden so an der Organisation ihrer eigenen Ermordung beteiligt.[44]

Zwischen dem 1. Oktober 1938 und dem Kriegseintritt der USA am 11. Dezember 1941 gelang es ca. 26.000 Menschen unter Zurücklassung fast ihres gesamten Eigentums, das Protektorat zu verlassen. Der tschechische Historiker H. G. Adler erstellt folgende Bilanz: »Nach dem am 15. Juli 1943 errechneten Stande wanderten bis 15. März 1939 rund 26.100 Personen aus dem Protektorat aus. Als Reiseziel nannten 1.482 Nordamerika, 671 Mittelamerika, 4.673 Südamerika, 176 Australien, 167 Afrika, 2.117 Palästina, 4.042 übriges Asien, 12.763 europäische Länder.«[45]

Die Auswanderung und die Arbeit der Zentralstelle sollten mit enteignetem jüdischen Besitz finanziert werden. Diese Verwaltungsaufgabe wurde am 5. März 1940 auf den neugeschaffenen »Auswanderungsfonds für Böhmen und Mähren« übertragen. Bis zum 31. März 1941 waren alle jüdischen Betriebe enteignet oder geschlossen worden. Sie wurden Treuhändern übertragen und an deutsche Interessenten verkauft. Wie schon erwähnt, war die »Arisierung« untrennbar mit dem Ziel der Besatzungsmacht verbunden, die Germanisierung des Landes voranzutreiben. Tschechische Bewerber waren deshalb bei der Verteilung der Beute weitestgehend ausgeschlossen.

Die ökonomische Schlüsselposition bei der Verteilung des geraubten Besitzes hatten die Dresdner Bank und die Deutsche Bank inne. Sie kontrollierten die wichtigsten ehemaligen tschechoslowakischen Banken, deren Kontrolle sie mit Unterstützung der Besatzungsmacht schnell erlangten. Die Dresdner Bank hatte die Böhmische Escompte und die kleinere Länderbank für einen Preis weit unter Wert erworben. Die nicht ganz so lukrative Böhmische Union Bank war von der Deutschen Bank zu ähnlich günstigen Konditionen erworben worden. Auf Anfrage ihrer Zentralen in Deutschland suchten die neuerworbenen Banken für reichsdeutsche Kunden das gewünschte Unternehmen oder das passende Grundstück. Der Verkaufspreis war ein eher symbolischer Betrag, der auf das gesperrte Konto des ehemaligen jüdischen Besitzers eingezahlt wurde. Der Käufer zahlte noch

---

44 ebd., S. 140 ff.
45 H.G. Adler, a.a.O. (wie Anm. 35), S. 3 ff.

eine Ausgleichsabgabe, die auf das Konto der deutschen Besatzungsbehörde überwiesen wurde. Die Banken erhielten von ihrem Kunden für den erfolgreichen Abschluß des Geschäfts zwei Prozent Provision. Entscheidend für die Bank war allerdings die Verpflichtung des Kunden, nach erfolgreicher Transaktion eine Geschäftsbeziehung mit ihr einzugehen.

Die traditionsreiche »Kreditanstalt der Deutschen« mit Sitz in Reichenberg und Prag, die bereits Henleins Sudetendeutsche Partei mit illegalen Zuwendungen aus Deutschland versorgt hatte, profitierte vor allem von den Geschäftsbeziehungen, die sich aus den sogenannten »kleinen Arisierungen« ergaben. Sie war spezialisiert auf die Vermittlung kleiner jüdischer Betriebe, Geschäfte und Häuser.[46]

Die Erlöse des Auswanderungsfonds aus Arisierungen und Beschlagnahmungen wurden vor allem zur Finanzierung vielfältiger Maßnahmen zur Förderung der Ansiedlung und Betreuung der deutschen Minderheit verwandt. Auch alle anfallenden Kosten der Deportation und Vernichtung der jüdischen Bevölkerung wurden vom Auswanderungsfonds getragen. Hausbank des Auswandererfonds war die Escompte Bank. Sie entwickelte sich auch zur Hausbank der SS. Alle Institutionen, die mit der Vernichtung der Juden im Protektorat betraut waren, unterhielten dort ihre Konten: Die Dresdner Bank und ihre Prager Niederlassung wurden, wie es der Historiker Jörg Osterloh ausdrückte, zum Finanzdienstleister des Völkermords.

Über die ausnahmslose Verdrängung der jüdischen Bevölkerung aus dem Berufsleben und der Ausgrenzung aus fast jeder ökonomischen Betätigung heißt es in einem Bericht des Leiters der Zentralstelle, Günther, am 2. Oktober 1941: »Die Ausschaltung der Juden aus dem Berufsleben wurde durch das Verbot der Berufsausübung von Rechtsanwälten, Notaren, Ärzten, Zahntechnikern, ferner durch die Entlassung jüdischer Angestellter aus öffentlichen und privaten Unternehmen und schließlich durch die etappenweise Liquidierung des gesamten Klein- und Großhandels und zahlreicher weiterer Wirtschaftszweige erreicht. Abgesehen von geringen Ausnahmen, die aus volkswirtschaftlichen Gründen notwendig waren, gibt es heute kein jüdisches Berufsleben mehr.«[47]

Neben der Ausplünderung stand die Organisation des »so-

---

46 Zdenek Benes und Vaclav Kural (Hg.): *Geschichte verstehen. Die Entwicklung der deutsch-tschechischen Beziehungen in den böhmischen Ländern 1848–1948*, Prag 2002, hier Kapitel IV.
47 Harald Wixforth: »Die Expansion der Dresdner Bank in Europa«, in: Klaus-Dietmar Henke (Hg.): *Die Dresdner Bank im Dritten Reich*, Bd. 3, München 2006, darin: Jörg Osterloh: »Die Vernichtung der Juden im Protektorat und die BEB«, S. 364 ff. Jörg Osterloh hat die grundlegende Studie *Nationalsozialistische Judenverfolgung im Reichsgau Sudetenland 1938–1945* (München 2006) zur Enteignung der jüdischen Bevölkerung im Sudentengau geschrieben.

zialen Todes« im Mittelpunkt der bald alle Lebensbereiche erfassenden antijüdischen Gesetze und Verordnungen. Die Entrechtung und Isolierung der jüdischen Minderheit führte dazu, daß sie als Parias auf der letzten Stufe der Hierarchie der deutschen Rassegesellschaft des Protektorats lebten. Der sadistischen Phantasie und Willkür der deutschen Exekutoren waren dabei keine Grenzen gesetzt. Zur wichtigsten Informationsquelle über neue Verordnungen und Erlasse wurde für die tschechischen Juden das seit dem 24. November 1939 wöchentlich in Prag erscheinende »Jüdische Nachrichtenblatt«. Darin wurden die meisten der schließlich 315 antijüdischen Gesetze, Verordnungen und Erlasse publiziert. Nach dem Verbot, Zeitungen zu beziehen, wurde das Nachrichtenblatt zur einzigen legalen Informationsquelle. Allerdings mußte man damit rechnen, auch wegen des Verstoßes gegen nicht veröffentlichte Anordnungen verhaftet zu werden. Kurz nach Kriegsbeginn wurde durch den mündlichen Befehl der Gestapo an die Jüdische Kultusgemeinde (JKG) den Juden in Prag der Ausgang nach 20 Uhr verboten. Es dauerte Monate, bis sich durch Razzien und Verhaftungen in Lokalen und auf den Straßen dieses Verbot herumgesprochen hatte.[48]

Am 9. Dezember 1939 stürmte ein SS-Kommando in das Café Akkermann in der Dlouhá trída, es war ein Café, das Juden besuchen durften, dort verkehrten meist Emigranten, die kein Geld und keine Bleibe hatten. Es war genau 20.05 Uhr. Die SS-Männer streiften sich Lederhandschuhe über und begannen unverzüglich auf die Juden einzuprügeln. Stühle fielen um, Tische kippten, auf dem Boden lagen zerscherbte Tassen: Das Blut der Geschlagenen tropfte darauf. Sie zerrten die Cafébesucher nach draußen, zwängten sie in einen Lastwagen und fuhren sie nach Stresovice, in die Villa, in der das antijüdische Kommando seinen Sitz hatte. Dort schlugen sie sie nieder, auf dem Hof neben der Garage, lang und ausdauernd, dann verhörten sie sie, einige ließen sie frei, andere brachten sie fort. Die, die sie fortbrachten, verschwanden für immer.[49]

Seit dem Schuljahr 1939/40 wurden alle jüdischen Kinder aus deutschsprachigen, seit 1940/41 aus allen tschechischen öffentlichen und privaten Schulen ausgeschlossen. Im Februar 1940 wurde der Besuch von Kinos und Theatern untersagt. Nach und nach wurde fast der gesamte öffentliche Raum für Juden zum verbotenen Gebiet. Im Februar 1941 wurde die Einkaufszeit auf 15 bis 17 Uhr beschränkt, in vielen Geschäften ganz untersagt.

Immer mehr eingeschränkt wurde der Bezug von Waren aller Art. Rundfunkgeräte wurden Ende 1939 eingezogen. Der Besuch von Leihbüchereien, der Bezug von Zeitungen wurden

---
48 H.G. Adler, a.a.O. (wie Anm. 35), S. 3 ff.
49 Jiri Weil, a.a.O. (wie Anm. 15), S. 341.

verboten. Immer mehr eingeschränkt wurde der Bezug von Waren und Lebensmitteln aller Art. In einer Bekanntmachung des Ministers für Landwirtschaft vom 23. Oktober 1941 wurde der Bezug von Gemüse, Obst, Zwiebeln, Knoblauch, Marmelade, Käse, Pilzen, Sirup und Hefe eingeschränkt. Ein System der Zwangsarbeit vor allem für jüdische Männer wurde eingerichtet. Diese wurden in Gruppen zusammengefaßt und in Fabriken oder zu Erdarbeiten geschickt. Neben den Wertsachen und dem Vermögen nahm der Besatzungsapparat vor allem die Wohnungen und Häuser der jüdischen Bevölkerung in Besitz.[50]

Judenhäuser

Die neue deutsche Herrenschicht des Protektorats hatte großen Bedarf an geeignetem Wohnraum. Auch die deutsche Minderheit erhoffte sich eine wesentliche Verbesserung ihrer Wohnsituation durch die Inbesitznahme jüdischen Eigentums.

Die Nachfrage erhöhte sich aber vor allem durch den Zuzug von Angehörigen des Besatzungs- und Polizeiapparats, die vor allem in Prag stationiert wurden. Zum 1. Januar 1941 wurden in Prag 5.000 Wohnungssuchende registriert. Die Deckung der Wohnungsnachfrage erfolgte zunehmend durch die Räumung jüdischer Wohnungen und Häuser. Deren Besitzer und Mieter wurden ultimativ aufgefordert, diese zu räumen und die Immobilien der »Zentralstelle für jüdische Auswanderung« zu übertragen. Die Prager Kultusgemeinde wurde im September 1940 gezwungen, ein Verzeichnis aller jüdischen Wohnungen in Prag zu erstellen. Der Wohnungs- und Häuserbestand kam unter die Verwaltung der Zentralstelle, die auch für die Vermietung der Objekte zuständig war. Zum 1. Oktober 1940 verwaltete diese 14.920 jüdische Wohnungen und Häuser, davon waren fast 5.000 noch von jüdischen Mietern oder Eigentümern bewohnt. Deutsche Interessenten konnten in der Regel die jüdischen Bewohner mit Hilfe der Besatzungsmacht zum Verlassen der Wohnung zwingen.[51]

Ins Zimmer trat Pavel, gefolgt von einem Mann und einer Frau. Sie sprachen kein Wort. Schauten uns nicht an, taten, als sähen sie uns nicht ... Die beiden schauten sich die Gegenstände an, strichen mit den Fingern über die Möbel, wogen Zinnkrüge in der Hand, drückten auf die Polster der Sessel. Sie begutachteten laut die Qualität und Haltbarkeit der Gegenstände, berieten, wie sie die Möbel umstellen sollten. Wir waren bereits tot – sie kamen, um das Erbe anzutreten.

---

50 Oprach, a.a.O. (wie Anm. 21), S. 39 ff.
51 Monika Sedláková: »Börse mit jüdischen Wohnungen – Bestandteil der Wohnungspolitik im Protektorat«. Unveröffentlichtes Manuskript, übersetzt von Viola Jakschova; siehe auch: Monika Sedláková: »Die Rolle der sogenannten ›Einsatzstäbe‹ bei der Enteignung jüdischen Vermögens«, in: Jaroslava Milotová u.a. (Hg.): *Theresienstädter Studien und Dokumente 2003*, Prag 2003.

Pavel geleitete sie schweigend auch ins andere Zimmer und in die Küche, wir hörten ihre freudigen Stimmen. Sie kehrten noch einmal in unser Zimmer zurück, gingen an uns vorbei, schauten sich noch einmal um, als registrierten sie alle Gegenstände, damit ihnen auch nicht einer abhanden käme. Wir saßen vor den leeren Gläsern, so wie zuvor. Erst als sie sich zum Gehen anschickten, schauten sie uns an, aber ich bemerkte, daß ihre Blicke nicht uns galten, sondern den Teegläsern, der Zuckerstange und den Löffeln.[52]

Mit dem Beginn der Massendeportationen der jüdischen Bevölkerung Prags und des Protektorats im Oktober 1941 stieg der Arbeitsaufwand enorm. Die Zentralstelle verwertete den Besitz und das Vermögen der nach Theresienstadt, in die Vernichtungslager und Ghettos Deportierten. Die Erlöse wurden auf das Konto des Auswanderungsfonds überwiesen. Um den immensen Verwaltungsaufwand zu bewältigen, wurde von der Zentralstelle eine eigene Unterabteilung gegründet, die »Treuhandstelle«. Diese wurde damit beauftragt, Vermietung und eventuellen Verkauf der Wohnungen und Häuser zu organisieren. Auch die restlose Verwertung der Einrichtung gehörte zu ihrem Aufgabenbereich.

Die Treuhandstelle umfaßte 42 Referate und Unterabteilungen, in denen mehr als 1.000 Personen beschäftigt waren. Die Tätigkeiten der Abteilungen waren breit gefächert – sie waren zuständig für die Klassifizierung der Möbel und anderer Einrichtungsgegenstände, ihre Einteilung und den Transport in die Lagerhallen. Neben den Referaten, die sich um die Verwaltung der Schlüssel, um Verzeichnis, Verpackung und Transport kümmerten, existierte auch ein Referat für die Verwaltung der Lagerräume. Mit dem Transport wurden private Spediteure oder jüdische Arbeiter der Kultusgemeinde beauftragt, die oft mit Pferdewagen 80 bis 100 Fuhren mit Möbeln, Bettwäsche und vielen anderen Gegenständen transportierten.[53]

Jeden Morgen zogen von der Gemeinde Arbeitsgruppen aus, deren Aufgaben unterschiedlich waren – einige inventarisierten die Wohnungseinrichtungen, andere transportierten sie ab, und wieder andere säuberten die Wohnungen, wechselten die Fußböden und polierten das Parkett für die neuen Bewohner. Die Gruppen zogen im Dunkeln aus und kehrten im Dunkeln zurück, nichts konnte ihre Arbeit unterbrechen: weder frierende Hände noch eisiges Wasser, auch nicht das Gewicht der großen Schränke. Auch die Gegenstände wurden numeriert, zerbrochene Rührlöffel bekamen ebenso Nummern wie ein dicker Teppich. Die Menschen wanderten nach Osten und in die Festungsstadt, und nach ihnen wanderten ihre Sachen aus den Wohnungen in Magazine und von dort in andere Wohnungen ... Die Menschen

---

52 Jiri Weil, a.a.O. (wie Anm. 15), S. 80 f.
53 Sedláková: »Börse mit jüdischen Wohnungen«, a.a.O. (wie Anm. 51).

arbeiteten pausenlos Tage und Nächte, manchmal ohne Essen, denn die Angst ging an ihren Tischen um, und der Tod schritt vorbei, begleitet von Trommeln und Pfeifen. Das war seine Musik, die ihre Schritte dirigierte.[54]

Der Verkauf der ungeheuren Mengen jüdischen Eigentums, das in 54 Lagerhäusern untergebracht war, wurde zentral organisiert und für den amtlichen Schätzwert zuerst an die deutschen Behörden, die SS, die Wehrmacht, Partei, Arbeitsdienst sowie an die Dienststellen der NS-Volkswohlfahrt, die Heime der Kinderlandverschickung und Umsiedlungslager verkauft.

In einem Dokument der Treuhandstelle wurden u.a. folgende Gegenstände aufgeführt: »2,9 Millionen Textilien, mehr als eine Million Gläser und Porzellanstücke, über 61.000 elektrische Geräte, etwa 9.000 technische und optische Geräte, über 3.200 Nähmaschinen, 2.500 Fahrräder, 34.500 Pelzmäntel, 144.000 Gemälde, 53.000 Teppiche und 1,2 Millionen Tonnen Kohle und Holz«.[55] Aus diesen riesigen Beständen wurden ab 1943 auch die Tausende von Deutschen versorgt, die durch alliierte Luftangriffe ihr Eigentum verloren hatten und in das noch vor Luftangriffen sichere Protektorat evakuiert worden waren.

Unter der deutschen Bevölkerung in Prag machte sich eine allgemeine Goldgräberstimmung breit, und die Möglichkeit zur schnellen Bereicherung wurde von so vielen Deutschen genutzt, daß der Prager Oberlandrat Watter sich in einem Schreiben beklagte: »Die Deutschen befassen sich immer zu viel mit dem Verkauf des jüdischen Mobiliars, diese unerfreuliche Situation führt zur Spaltung unter den Deutschen, und die niedrigsten Triebe erwachen ... Über das jüdische Mobiliar spricht man mehr als über Heldentaten unserer Soldaten im Osten.«[56] Eine Abteilung der Treuhandstelle führte ein doppeltes Verzeichnis der Mieter. Diese Verzeichnisse wurden der Wohnungsbehörde der Stadt Prag und anderen Ämtern und Institutionen übergeben, damit ihre Angestellten über die freien Wohnungen informiert wurden. Die Zuweisung von Villen und größeren Häusern erfolgte nur durch die Zentralstelle und mit Genehmigung des Befehlshabers der Sicherheitspolizei und des SD: Bei der Vergabe wurden neben dem Einsatz für das Deutschtum die Größe der Familie und die wirtschaftliche Lage des Bewerbers berücksichtigt.

An diese Behörden wandten sich die deutschen Bewerber, um die gewünschten Räumlichkeiten zu erhalten. Die Rivalitäten und Konkurrenzkämpfe bei der Verteilung der wertvollen Beute spiegeln sich in unzähligen Schreiben und Bittgesuchen

---

54 Jiri Weil, a.a.O. (wie Anm. 15), S. 190.
55 Peter Ginz: *Prager Tagebuch 1941–42*, Berlin 2006, S. 157.
56 Sedláková: »Börse mit jüdischen Wohnungen«, a.a.O. (wie Anm. 51)

an die verschiedensten Dienststellen und Apparate der Besatzungsmacht wieder. Die Wünsche waren oft schon sehr konkret, wobei es – wie schon erwähnt – keine Rolle spielte, ob der jüdische Mieter oder Eigentümer sich noch in der Wohnung befand. Die Anmietung der ehemals jüdischen Wohnung erfolgte im ersten Schritt durch die Ausstellung eines Ausweises, der zur Besichtigung der Wohnung berechtigte. War die Wohnung geeignet, folgte die Anweisung zur Räumung und Renovierung der Wohnung durch die Zentralstelle oder den Auswanderungsfonds. Danach wurde der Mietvertrag abgeschlossen. Wurde die Wohnung als Reichsmietwohnung anerkannt, zahlte der deutsche Staat einen Teil der Miete.

Die Zuteilung von großen Wohnungen, Häusern und Villen und der Erwerb von wertvollen Möbeln und Hausrat waren ein Zeichen sozialen Aufstiegs. Die deutsche Bevölkerung in Prag konzentrierte sich in den bürgerlichen Vierteln der Stadt, die zunehmend einen deutschen Charakter erhielten und durch die Ansiedlung diverser Einrichtungen des Besatzungs- und Vernichtungsapparats auch militärisch gut gesichert waren. Bis zum Beginn der Deportationen wurde die jüdische Bevölkerung Prags auf immer engeren Raum – der Prager Altstadt und dem sich anschließenden Stadtteil Josefo – zusammengedrängt, wo bald extrem beengte und zum Teil chaotische Wohnverhältnisse herrschten. Die Situation verschärfte sich noch durch Hunderte Familien, die sich um eine Auswanderungsgenehmigung bemühten, die nur in Prag erteilt wurde.

Im Monatsbericht des SD-Leitabschnitts Prag vom März 1941 wird höhnisch vermerkt: »Die jüdische Auswanderung wird insbesondere durch die Judenumsiedlungen, die derzeit im ganzen Protektorat zur Durchführung gelangen, sehr gefördert. Die Juden fühlen sich in den ihnen zugewiesenen kleinen Räumlichkeiten, die sie mit ihren Rassegenossen teilen müssen, sehr beengt und ziehen es vor, möglichst bald auszuwandern. Die Juden werden wegen dieser Umsiedlungen von den Tschechen sehr bedauert.«[57]

Theresienstadt

Die Verbände der Wehrmacht und der SS, die am 22. Juni 1941 in die Sowjetunion einfielen, führten nicht nur einen Ausrottungsfeldzug gegen die Rote Armee und die sowjetische Zivilbevölkerung. Mit dem Vormarsch der deutschen Armeen wurde im gesamten deutschen Machtbereich das radikalste Programm der Ausrottung einer menschlichen Gruppe realisiert, das jemals erdacht und geplant wurde. Von der norwegischen Stadt Bergen,

---

57 Oprach, a.a.O. (wie Anm. 21), S. 69 ff.

aus der Ende November 1942 542 Norweger jüdischen Glaubens nach Auschwitz deportiert wurden, bis zur griechischen Insel Rhodos vor der türkischen Küste, wo im Sommer 1944 die jüdische Gemeinde auf Lastkähnen der deutschen Kriegsmarine ihren Weg nach Auschwitz antrat, erstreckte sich das deutsche Vernichtungsprogramm. Die polnischen Lager Chelmo, Belzec, Treblinka und Sobibor waren reine Vernichtungsstätten für zwei Millionen jüdische Männer, Frauen und Kinder. Ihre Funktion bestand ausschließlich darin, alle ankommenden menschlichen Wesen zu töten und ihre Körper restlos zu beseitigen.

Mit der Ernennung von Reinhard Heydrich, dem Chef des Reichssicherheitshauptamtes, zum stellvertretenden Reichsprotektor am 27. September 1941 radikalisiert sich das antijüdische Programm. Juden und Tschechen werden massenhaft hingerichtet. Im Prager Gefängnis Pankrac und in Brünn, wo die Hinrichtungen auch öffentlich stattfinden, werden über 400 Menschen innerhalb weniger Wochen ermordet.[58] Heydrich will das Protektorat und vor allem Prag »judenfrei« machen. Die Erwartung eines schnellen Sieges gegen die Sowjetunion hat sich mit dem Stocken der deutschen Offensive vor Smolensk und dem anhaltend erbitterten Widerstand der Roten Armee als Illusion erwiesen. Die USA haben sich unter Roosevelt dazu entschlossen, den Konflikt mit Nazi-Deutschland bis an die Schwelle des Krieges zu eskalieren. Zudem unterstützen sie Großbritannien mit wichtigem Kriegsmaterial. Die Haßausbrüche der Deutschen gegen den amerikanischen Präsidenten Roosevelt als Handlanger der »herrschenden jüdischen Kreise« der USA werden immer heftiger. Diese Juden, so die Nazi-Propaganda, planten den Kriegseintritt der USA und die Vernichtung Deutschlands.

Das Regime antwortet auf die amerikanische Unterstützung Großbritanniens mit Deportationen der jüdischen Bevölkerung aus dem Deutschen Reich und dem Protektorat. Im September/Oktober 1941 wird der Beschluß zur Vernichtung der gesamten jüdischen Bevölkerung im deutschen Machtbereich grundsätzlich gefaßt und planerisch umgesetzt. In den letzten Monaten des Jahres werden in der Nähe der großen Ghettos und im KZ Auschwitz Massenvernichtungsanlagen installiert. Das Personal und die Technik waren vorhanden. Die Ermordung der geistig und körperlich Behinderten wird eingestellt, da die Planziffern erreicht sind und man die Mordaktion bereits im Sommer auf die »Ballastexistenzen« (kranke und geschwächte Häftlinge in den Konzentrationslagern) verlagert hat. Vieles spricht dafür, daß es nicht die Proteste des Münsteraner Bischofs von Galen

---

58 Haasis, a.a.O. (wie Anm. 24), S. 46 ff.

gegen die »Euthanasie« sind, die zur Einstellung des Krankenmordes führen.

In den Augen der deutschen Führung ist der Kampf gegen den jüdischen Hauptfeind im Herbst 1941 in seine entscheidende Phase getreten. Es gilt, dem planetarischen Judentum die Maske vom Gesicht zu reißen und Hitlers Prophezeiung über den Untergang seines europäischen Teils in die Tat umzusetzen. In der Vernichtung des europäischen Judentums den »Endsieg« zu sehen, wird zur realpolitischen Strategie. Die Vernichtung der Juden in Europa werde die planetarische Macht des Judentums so schwächen, daß der Krieg noch gewonnen werden könne. Der Sieg im Rassekrieg wird zur Voraussetzung des Sieges im territorialen Krieg. Die Antwort auf die Frage, warum Deutschland nicht kapituliert und bis zum Schluß das Mordprogramm in unerbittlicher Konsequenz fortsetzt, liegt in dieser Überzeugung begründet.[59]

Für die jüdische Bevölkerung des Protektorats werden die mörderischen Konsequenzen sofort wirksam. Bereits am 14. September 1941 sind durch Polizeiverordnung alle Juden des Protektorats verpflichtet, einen Judenstern zu tragen. Der stellvertretende Bürgermeister Prags, Josef Pfitzner, schreibt in seinem Tätigkeitsbericht an Karl Hermann Frank:

Einheimischen wie Fremden fiel sofort zu ihrer größten Überraschung auf, daß Prag geradezu von Juden wimmelt. Dieser Eindruck, der mit der statistisch festgestellten Zahl von 40.000 vorhandenen Juden nicht recht übereinstimmt, wurde nur dadurch möglich, daß sich die Juden ausgerechnet im Stadtinnern und auf den beliebtesten Straßen und Plätzen konzentrieren und herumtreiben. Das dadurch geradezu eine Verschandelung des von Fremden besuchten Stadtinnern Prags eintritt, liegt auf der Hand. Nimmt man hinzu, das die Juden ihren Stern geradezu stolz erhobenen Hauptes tragen, dann wird man immer mehr zu der Überzeugung gedrängt, daß im Interesse des guten Namens Prags Wandel geschaffen werden muß.[60]

Die Bewegungsfreiheit wird noch weiter eingeengt; immer mehr Straßen und Plätze werden gesperrt. Die jüdischen Friedhöfe Prags bleiben das einzige sichere Refugium. Ansonsten droht Lebensgefahr von Volksgenossen und den Meuten der von Siegfried Zoglmann, dem späteren FDP-Bundestagsabgeordneten und Ehrenvorsitzenden der Sudetendeutschen Landsmannschaft in Bayern, kommandierten Hitler-Jugend, deren

---

59 Peter Longerich: *Politik der Vernichtung. Eine Gesamtdarstellung der nationalsozialistischen Judenverfolgung*, München 1998, S. 419 ff.
60 Vojtech Sustek (Hg.): *Josef Pfitzner. A Protektoratni Praha V Letech 1939–1945*, Bd. 2, Praha 2001. Es handelt sich hierbei um die Berichte des deutschen stellvertretenden Bürgermeisters von Prag, Josef Pfitzner, an Karl Hermann Frank. Die Edition enthält die deutschen Originalberichte.

Opfer nun kenntlich gemacht sind.⁶¹ Lebensgefährlich wird die Fahrt mit Prags wichtigstem Verkehrsmittel, der Straßenbahn, deren Benutzung ohnehin immer weiter eingeschränkt wird. Die Macht der Deutschen wird hier im öffentlichen Raum alltäglich demonstriert:

*Steig aus, du Drecksau, schrie mich ein Mann mit einem Abzeichen am Revers in der fremden Sprache an und gab mir einen so heftigen Stoß, daß ich taumelte. Ich schaute mich um in der Straßenbahn, sie war ziemlich voll, die Gesichter waren erstarrt, die Leute schauten zu Boden, als suchten sie dort eine Münze, die unter den Lattenrost gekollert war. Keiner sagte ein Wort, man hörte nur die gellende Stimme: Steig aus, du Sau, sonst ... Die Straßenbahn rumpelte durch eine menschenleere Straße im Friedhofsviertel, die Haltestelle war noch weit, er stieß mich wieder heftig, als ich schon auf dem Trittbrett stand, ich sprang ab ...*⁶²

Am 16. Oktober 1941 verläßt der erste Transport mit 1.000 Prager Juden die Stadt. Ziel ist das Ghetto Lodz. Innerhalb weniger Tage folgen weitere 4.000 Menschen. Die meisten sterben im Ghetto selbst. Die noch Lebenden werden 1942 im Vernichtungslager Chelmo, später in Auschwitz durch Gas erstickt. Von diesen Transporten überleben 253 Menschen die Vernichtungslager.⁶³

Nach dem Aufbau des zentralen Ghettos in Theresienstadt wird dieses zur Zwischenstation für die tschechischen Juden auf dem Weg in die deutschen Vernichtungslager. Der Ort, eine ehemalige Festung und Kaserne, befindet sich 60 Kilometer von Prag entfernt, damals in unmittelbarer Nähe der Grenze zum »Reichsgau Sudetenland« und der deutschen Stadt Leitmeritz. Zwischen November 1941 und Juli 1943 werden fast 40.000 Juden von Prag nach Theresienstadt deportiert. Die Menschen erhalten die Deportationsbefehle über die Jüdische Kultusgemeinde Prag und ihre Transportabteilung. Sie bekommen eine Transportnummer. Die Transporte werden auf Befehl der Zentralstelle zusammengestellt. Es muß eine achtseitige Vermögenserklärung ausgefüllt werden. Nochmals erfaßt werden die zurückgelassene Wohnungseinrichtung und Haushaltsgegenstände. Es muß eine vollständige Liste aller Gegenstände einschließlich des geschätzten Wertes in Kronen erstellt werden.⁶⁴

Die Sammelstelle für die Prager Juden wird auf dem Gelände der Mustermesse eingerichtet. Hierher kommen die Menschen in großen Gruppen – Männer, Frauen und Kinder, beladen mit Koffern und Taschen, die zugeteilte Transportnummer an einer

---

61 Zu Siegfried Zoglmann siehe auch: Erich Später: »In Bräune fest«, in: KONKRET, 9/2005.
62 Jiri Weil, a.a.O. (wie Anm. 15), S. 128.
63 H.G. Adler, a.a.O. (wie Anm. 35), S. 37 ff.
64 ebd., S. 39 ff.

Schnur um den Hals. Ein langer, unübersehbarer Elendszug. Es bilden sich lange Schlangen vor der Aufnahmekanzlei. Ruth Bondy erinnert sich: »Bevor Juden das Straßenbahnfahren untersagt wurde, durften sie noch im letzten Waggon stehend mitfahren. Und so fuhr ich im Oktober 1941, um den fünfjährigen Benny und seine kleine Schwester aus dem jüdischen Kindergarten, in dem ich während der Besatzung arbeitete, zu ihren verängstigten Eltern zu bringen, die den Befehl erhalten hatten, sich zum Transport einzufinden. Die beiden Kinder trugen kleine Rucksäcke auf dem Rücken und um den Hals ein Band, an dem eine Marke mit der Nummer des Transports hing.«[65]

Die Menschen werden auf dem Gelände in hölzernen, unbeheizten und nicht regendichten Baracken untergebracht. Das Gepäck wird von den SS-Leuten der Zentralstelle gründlich durchsucht und Geld, Wertsachen, Lebensmittel und Tabak beschlagnahmt. Durch Unterschrift unter eine Erklärung überträgt man sein gesamtes Vermögen dem Auswanderungsfonds.

Die Menschen wälzten sich auf dem Zementfußboden des Messegeländes, es waren nur Bretterbuden, außen weiß verputzt, mit Rußschlieren, die der Regen verwischt hatte. Unter ihnen waren Familien mit Kindern, die weinten und nach Hause wollten. Eine Woche und mehr lagen die Menschen zusammengepfercht in den Bretterbuden, in Schmutz und Staub, mit nur einem Tropfen Wasser für die tägliche Wäsche. Im Sommer bekamen sie vor Schwüle und Gestank keine Luft, im Winter zitterten sie vor Kälte, weil in den Buden nicht geheizt werden konnte, sie verstopften sich die Ohren mit Watte, um das Klagen und das Geschrei nicht zu hören. Sie wurden auch geprügelt und getreten, man nahm ihnen die letzten Dinge, selbst die allernötigsten. Viele Menschen starben auf dem Zementfußboden inmitten von Seufzern und Klagen. Und in der Nacht trieben sie sie dann zum Zug, trieben die von der Last des Gepäcks gebeugten mit Tritten an, beschimpften sie in ihrer fremden Sprache und zwängten sie in Waggons, um sie an einen Ort zu bringen, von dem es keine Wiederkehr gab.[66]

In der Regel umfaßt ein Transport 1.000 Männer, Frauen und Kinder jeden Alters. Im September 1942 befinden sich in Theresienstadt 58.491 Gefangene. Die Sterblichkeitsrate steigt von 2.347 Menschen im August auf 3.941 im September. Am 19. September erreicht die Überfüllung des Lagers mit 60.000 Gefangenen ihren Höhepunkt. Insgesamt 33.500 Menschen, darunter auch holländische, deutsche und österreichische Juden, sterben allein hier an den von den Deutschen geschaffenen mörderischen Lebensbedingungen. Theresienstadt ist die Zwischenstation auf dem Weg in die deutschen Vernichtungs-

---

65 Ruth Bondy: *Mehr Glück als Verstand. Eine Autobiographie*, Stuttgart 1999, S. 26f.
66 Jiri Weil, a.a.O. (wie Anm. 15), S. 347 f..

lager, wo die meisten der aus Theresienstadt abtransportierten 78.000 tschechoslowakischen Juden des Protektorats ermordet werden.

Um ein Minimum an menschlicher Würde bewahren zu können, organisieren die Häftlinge Theatervorstellungen und Konzerte. Diese Aktivitäten im Angesicht der drohenden Vernichtung werden bis heute vorrangig mit Theresienstadt verbunden. Daß sogar eine Kinderoper komponiert wurde, ruft Entzücken hervor. Bis heute erscheint Theresienstadt in der deutschen Wahrnehmung vor allem als Ort künstlerischer und intellektueller Betätigung, in dem gedichtet, komponiert und gemalt wurde.[67]

»Die stereotype Rezeption des Ghettos«, schreibt der Historiker Wolfgang Benz, »als Ort kultureller Aktivität ist verbreitet und unabhängig vom jeweiligen Medium. In der 2002 aus Anlaß des 60. Anniversariums der Wannsee-Konferenz in Berlin präsentierten Ausstellung des Deutschen Historischen Museums zum Holocaust wird der dem Thema Theresienstadt gewidmete Platz von einer Ziehharmonika und dem Programm des Kinderspiels ›Die Glühwürmchen‹ dominiert.«[68] Von den 140.000 Menschen, die nach Theresienstadt deportiert wurden, starben dort 33.500. 88.000 Menschen wurden in die Vernichtungslager deportiert. Von diesen überlebten 3.500. Insgesamt starben 118.000 Menschen bis zur Befreiung des Lagers durch die Rote Armee am 9. Mai 1945.[69]

---

67 H.G. Adler, a.a.O. (wie Anm. 35), S. 664 ff.
68 Wolfgang Benz: »Erzwungene Illusionen«, in: *Theresienstädter Studien und Dokumente 2002*, S. 46.
69 H.G. Adler, a.a.O. (wie Anm. 35), S. 59.

3. Die Deutsche Universität in Prag

Die Hauptstadt Prag ist für die deutsche Politik im Protektorat von entscheidender Bedeutung. Hier bündeln sich die Politik der Vernichtung und die Bestrebungen zur Germanisierung des Landes. Das Endziel deutscher Politik ist die Verwandlung Prags in eine deutsche Stadt. Für die Ideologen der Vernichtung ist Prag eines der uralten Zentren der jüdischen Weltverschwörung, der älteste jüdische Friedhof der Stadt bildet die Kulisse für die Weltverschwörung der »Weisen von Zion«. So jedenfalls sah es der deutsche Autor Hermann Goedsche, der seinen bösartigen Schauerroman über die Prager Juden unter dem Titel *Biarritz* im Jahr 1868 veröffentlichte, eine der Quellen für die bis heute verbreitete antijüdische Hetzschrift *Die Protokolle der Weisen von Zion*.[70]

Prag ist das ökonomische, politische und kulturelle Zentrum des Landes. Die industrielle Entwicklung, getragen von einem leistungsfähigen Finanzsystem, der Ausbau der Universitäten und Hochschulen, ein modernes Verkehrssystem haben Prag zu einer modernen Großstadt gemacht. 1938 zählt sie fast 962.000 Einwohner.[71] Es leben etwa 50.000 tschechoslowakische Bürger deutscher Nationalität in der Stadt. Zu diesen gehören die etwa 10.000 Juden, die bei der Volkszählung 1930 als Nationalität »Deutsch« angegeben haben. Bei der letzten freien Wahl zum Prager Stadtparlament erhalten Henleins Nazi-Kandidaten fast 16.000 Stimmen und erringen drei Sitze. Die demokratischen deutschen Parteien erhalten nur 4.849 Stimmen. Die Fraktion der Sudetendeutschen Partei (SDP) ist empört, daß die Prager Stadtverwaltung nach wie vor auch die kleine Minderheit der loyalen deutschen Demokraten fördert. In der Sitzung des Prager Stadtrats am 5. September 1938 kommt es zum Eklat. Es geht um die personelle Besetzung der Büchereikommission. Im Bericht der SDP-Fraktion wird die Begründung geliefert: »Auf der von den Tschechen präsentierten Liste befanden sich lauter Demokraten. Angehörige des letzten Viertels der Prager deutschen Bevölkerung, und unter den vier Vorgeschlagenen befanden sich nicht weniger als zwei Juden. Diese Liste wurde dann von der tschechischen Mehrheit gewählt. Damit erklärten die Tschechen an die SDP offen den Krieg, obwohl diese in der glei-

---

70 Zur Geschichte der *Protokolle* und zu dem Roman *Biarritz* siehe: Stephen Eric Bronner: *Ein Gerücht über die Juden. Die »Protokolle der Weisen von Zion« und der alltägliche Antisemitismus*, Berlin 1999. S. 82 ff. Die *Protokolle* sind als kommentierte Ausgabe im Wallstein Verlag (herausgegeben von Jeffrey L. Sammons, Göttingen 1998) erschienen.
71 Peter Demetz: *Prag in Schwarz und Gold. Sieben Momente im Leben einer europäischen Stadt*, München 1998, S. 467 ff. und 502 ff.

chen Sitzung eine grundsätzliche Erklärung abgaben, in der sie neuerdings die Bereitwilligkeit zur Mitarbeit bekundeten.«[72]

Mit dem Einmarsch der deutschen Truppen wird die Verwaltung der Stadt unter deutsche Kontrolle gebracht. Der tschechische Bürgermeister Otakar Klapka und einige höhere Beamte werden 1940 wegen Kontakten zum Widerstand und zur tschechoslowakischen Exilregierung hingerichtet oder in Konzentrationslager eingeliefert. Die reale Macht hat der stellvertretende Bürgermeister Pfitzner, ein überzeugter Nazi, SA-Führer und ehemaliger Professor für osteuropäische Geschichte an der deutschen Karls-Universität, der für die »Eindeutschung« der Verwaltung und der Stadt eintrat. Im März 1942 wurde Deutsch zur alleinigen Verwaltungssprache. Auch das öffentliche Erscheinungsbild der Stadt wurde deutsch. Denkmäler, die an Masaryk, den amerikanischen Präsidenten Wilson oder den Rabbi Löw erinnerten, wurden abgebaut und eingeschmolzen. Die Straßen erhielten deutsche Namen.[73]

Seit Anfang 1940 arbeitete in Prag eine staatliche Planungskommission. Man dachte an den Ausbau ganzer Viertel zu rein deutschen Siedlungen. Die Übertragung jüdischer Geschäfte und kleiner Fabriken sollte einen deutschen Mittelstand schaffen. Schwierigkeiten gab es beim Erwerb von jüdischen Grundstücken und Häusern durch die Prager Stadtverwaltung. Die Zentralstelle und der Auswanderungsfonds wollten die Objekte nicht herausrücken, und es entstanden heftige bürokratische Auseinandersetzungen um das ehemalige jüdische Eigentum. Pfitzner kann an Frank am 1. Oktober einen ersten Erfolg melden: »Die fortgesetzten Bemühungen, aus dem durch den jüdischen Auswanderungsfonds beschlagnahmten Judenbesitz entsprechende Käufe für die Stadt zu tätigen, sind nunmehr von einem ersten Erfolg gekrönt worden. Eine Reihe jüdischer Häuser in der Nürnberger Straße und Langen Gasse, sowie die Winternitz-Villa in Smichov für Zwecke eines deutschen Kindergartens sind soeben erworben worden. Damit ist die Stadtverwaltung in die Lage versetzt, die große Not an Amtsräumen wenigstens einigermaßen zu lindern.«[74]

Die Stadt soll für Deutsche zu einem attraktiven Wohnort werden. Die guten Lebens- und Arbeitsbedingungen für die herrschende deutsche Kaste führen zu einem Anstieg der deutschen Bevölkerung. Mit Datum vom 1. Januar 1942 erhöht sich die Zahl der Schüler an deutschen Grundschulen von 877

---

[72] Vojtech Sustek: *Josef Pfitzner. A Protektoratni Praha V Letech 1939–1945*, Bd.1, Praha 2000, S. 44 ff.
[73] Glettler u.a., a.a.O. (wie Anm. 1), darin: Vojtech Sustek: »Bemühungen um die Germanisierung Prags während der NS-Okkupation. Aus den Berichten des Stellvertretenden Primator Josef Pfitzner«, S. 53 ff.
[74] Vojtech Sustek (Hg.): *Josef Pfitzner*, .a.a.O. (wie Anm. 60), Bd.2, S. 220 ff.

auf 2.092, die Zahl der Schulen verdoppelt sich. Der Ausbau der Deutschen Universität zu einer der größten Hochschulen des Reiches soll das deutsche Element in der Stadt verstärken. Dazu müssen geeignete Wohnungen für die Hochschulprofessoren gefunden werden. Die Zuteilung von großen Wohnungen und Villen an diesen Personenkreis soll die Annahme von Lehrstühlen erleichtern. Beschlagnahmter Wohnraum in der Verfügung der Gestapo und die Besitzstände des Auswanderungsfonds sind der Fundus, aus dem der Wohnraumbedarf der Universität gedeckt wird.[75]

Seit der Gründung der tschechoslowakischen Republik 1918 ist die deutsche Karls-Universität ein Zentrum der wachsenden nationalistischen und antisemitischen Agitation innerhalb der deutschen Minderheit der CSR. Besonders die radikalen Studentengruppen und Burschenschaften empfinden es als Zumutung und nationale Demütigung, zusammen mit Juden studieren zu müssen. Als der jüdische Professor Samuel Steinherz im Wintersemester 1922/23 zum Rektor der Universität gewählt wird, legen sie mit einem Vorlesungsboykott, mit Kundgebungen und Demonstrationen den Universitätsbetrieb lahm. Die Studenten und ihre Unterstützer fordern: »Weg mit dem Juden Steinherz! Ein Jude kann nicht Rektor der Deutschen Universität zu Prag sein.« Die Regierung der tschechoslowakischen Republik und der für die Hochschulen verantwortliche sozialdemokratische Minister Rudolf Bechyne sind nicht bereit, den Forderungen des antisemitischen deutschen Mobs nachzugeben. Am 27. November verabschieden die Studenten eine Kampfansage an die demokratische Republik: »Mit unserem Auftreten haben wir den verborgenen jüdischen Faktoren für das künftige Jahrzehnt die Lust genommen, an die Spitze der Deutschen Universität einen Feind des Deutschtums zu stellen. Der größte Erfolg unseres bisherigen Kampfes liegt vielleicht darin, daß auch der Gleichgültigste unter uns die Gefahr des Judentums in ihrer ganzen Größe erfaßt und die Überzeugung erworben hat, daß es für die Deutschblütigen nur eine Lebenslösung gibt: die Ketten zu zertrümmern, in die die Auserwählten eines verbrecherischen Gottes unser armes Volk geschlagen.«[76]

Ziel der Studenten sind Zulassungsbeschränkungen für jüdische Studenten und der Ausschluß von Juden aus studentischen Organen. Die 3.000 Studenten der Prager Universität sympathisieren mehrheitlich mit den deutsch-arischen Stu-

---

[75] Sedláková: »Börse mit jüdischen Wohnungen«, a.a.O. (wie Anm. 51).
[76] Hoensch u.a., a.a.O. (wie Anm. 37), darin: Alena Miskova: »Die Lage der Juden an der Prager Deutschen Universität«, S. 117 ff. Siehe auch: Monika Glettler, Alena Miskova (Hg.): *Prager Professoren 1938–1948. Zwischen Wissenschaft und Politik*, Essen 2001, darin: Peter Arlt: »Samuel Steinherz (1857–1942), Historiker. Ein Rektor zwischen den Fronten«, S. 71 ff.

dentenvereinigungen. Sie empfinden den Zustrom jüdischer Studenten aus Ungarn und Polen, wo antijüdische Gesetze den Zugang zur Universität erschweren und antijüdische Gewaltakte an der Tagesordnung sind, als unerträglich. Im tschechoslowakischen Parlament wird von der Deutschnationalen Partei (DNP) der Antrag eingebracht, für alle jüdischen Schüler, Studenten und Lehrer an deutschen Bildungseinrichtungen Zulassungsbeschränkungen einzuführen. Vorsitzender der DNP ist Lodgmann von Auen, der spätere Gründer und langjährige Sprecher der Sudetendeutschen Landsmannschaft, die ihn bis heute in Ehren hält und ihre verdienten Aktivisten mit der »Lodgmann-von-Auen-Medaille« ehrt.[77]

Für den Jüdischen Nationalrat, den Zusammenschluß der tschechoslowakischen Bürger jüdischer Nationalität, ist die antisemitische Revolte in ihrer politischen Stoßrichtung ein Angriff auf die Existenz des jüdischen Volkes. In einer Stellungnahme heißt es: »Der Jüdische Nationalrat ist überzeugt, daß das terroristische, von Professoren offenbar begünstigte Auftreten der deutschvölkischen Studentenschaft demjenigen Geiste entspringt, der sich in Deutschland und Ungarn durch rücksichtslose, ja sogar verbrecherische Akte äußert, daß dieses Auftreten auf rassen-antisemitische Motive zurückzuführen und als eine Äußerung der großen, gegen die Existenz des jüdischen Volkes gerichteten Aktion mit aller Entschiedenheit bekämpft werden muß.«[78]

Die deutsche Studentenschaft der Universität wird zu einer Kaderschmiede für die radikalen nationalistischen Bewegungen und Kampfverbände in Deutschland, Österreich und der CSR. Bereits Mitte der 20er Jahre verfügen die NSDAP und ihr Studentenverband über Einfluß weit über Prag hinaus. Die deutschen Studenten Prags werden als kompromißlose völkische Nationalisten und Antisemiten reichsweit gefeiert. Es ist daher keine Überraschung, daß die Funktionäre der deutschen Besatzungs- und Vernichtungspolitik in der CSR sich zu einem beträchtlichen Teil aus den radikalen studentischen Sturmtruppen rekrutieren.[79]

Nach der Machtübernahme der Nationalsozialisten 1933 gewährt die CSR Tausenden von Deutschen großzügig Asyl, politische Freiheit und menschenwürdige Lebensbedingungen. Die deutschen Universitäten empfinden das als Provokation. Die vom tschechoslowakischen Staat gewährte Hochschulautonomie erlaubt es den Hochschulen, eigenständig Ordinarien

---

77 Georg Herde, Alexa Stolze: *Die Sudetendeutsche Landsmannschaft*, Köln 1987, S. 73 ff.
78 Arlt, a.a.O. (wie Anm. 76), S. 82.
79 Ulrich Herbert: *Best. Biographische Studien über Radikalismus, Weltanschauung und Vernunft 1903–1989*, Bonn 1976, S. 51 ff.

zu berufen. Zwischen 1933 und 1938 wird an den Technischen Hochschulen Prag und Brünn kein einziger Lehrstuhl mit einem deutschen Hitler-Gegner besetzt. Auch die Prager Deutsche Universität verweigert jede Solidarität. Internationales Aufsehen erregt der Fall des renommierten Völkerrechtlers Hans Kelsen, der 1933 aus Deutschland geflohen war. Die juristische Fakultät bestätigt nach harten Auseinandersetzungen Kelsens Berufung, seine Lehrtätigkeit wird jedoch immer wieder durch Kundgebungen und Krawalle der deutschen antisemitischen Studenten gestört.

Im April 1935 huldigt der Akademische Senat der Deutschen Universität dem Führer der nazistischen Sudetendeutschen Partei, Konrad Henlein. Nach seiner Rede erheben sich die Professoren und stehen stramm vor dem ehemaligen Turnlehrer. Die »Judenfrage« hat auch für den Akademischen Senat höchste Priorität. In einer Denkschrift unmittelbar nach Henleins Besuch heißt es: »Von 42 Professoren an der medizinischen Fakultät sind 16 Nichtarier. An den weltlichen Fakultäten sind von 200 akademischen Lehrern 73 Nichtarier ... Auch unter der Studentenschaft ist das Judentum sehr stark vertreten. Die Juden entstammen vielfach der Slowakei und Karpatorußland, aber auch Polen und erweisen sich oft als wenig angenehme Gäste.«[80]

Die Kriegsdrohung gegen die CSR und die deutsche Mobilisierung führten zu einer Massenflucht deutscher Professoren ins Reich. Die Hälfte von ihnen hat eine geforderte Loyalitätserklärung für die demokratische Republik verweigert. Sie sammeln sich in München und Wien, einige von ihnen melden sich freiwillig zu Henleins »Sudetendeutschem Freikorps«, das von Deutschland aus die Grenzgebiete der CSR terrorisiert und über 110 Bürger der Republik tötet.[81]

Die Säuberung der deutschen Universitäten beginnt unmittelbar nach Abschluß des Münchener Abkommens und findet ihren Abschluß im Frühjahr 1939 mit dem Einmarsch der Wehrmacht in Prag. Am 15. März 1939 marschieren die deutschen Prager Studenten in militärischer Ordnung zur Prager Burg, um Adolf Hitler zu feiern. Er spricht ihnen Lob und Anerkennung für ihren Einsatz aus. Die Prager Studentenschaft habe 591 Jahre wie ein Soldat im Schützengraben an der Südostfront des Reiches gestanden und nach dem Untergang des Reiches im Jahr 1918 die großdeutsche Ausrichtung der deutschen Studentenschaft durchgesetzt – die großdeutsche Ausrichtung der Universität bedeutet für alle nichtdeutschen Angehörigen Verfolgung, Flucht oder Tod.

---

80 Brügel: *Deutsche und Tschechen 1918–38*, a.a.O. (wie Anm. 1), S. 304.
81 Alena Miskova: *Die Deutsche (Karls-)Universität vom Münchener Abkommen bis zum Ende des Zweiten Weltkrieges*, Prag 2007, S. 41 ff.

Entlassen werden bei der offiziellen »Entjudung« der Universität alle jüdischen Studenten (zehn Prozent der Studentenschaft). Die tschechische Historikerin Alena Miskova, die eine detaillierte Studie über die Karls-Universität in den Jahren 1938 bis 1945 veröffentlicht hat, kommt zu dem Ergebnis, daß 77 Universitätslehrer entlassen wurden, ein Drittel des Lehrkörpers. Wem die Emigration nicht gelang, wird in Ghettos und Konzentrationslager deportiert. Zwölf Angehörige des Lehrkörpers werden ermordet. Samuel Steinherz muß Ende 1941 seine Wohnung in der Prager Josefgasse verlassen und in ein »Judenhaus« ziehen. Sein persönlicher Besitz wird beschlagnahmt. Am 6. Juli 1942 wird er mit seiner Frau Sophie nach Theresienstadt deportiert, wo er am 16. Dezember 1942 stirbt.[82]

Nach der Säuberung der Universität kann ihr Ausbau zu einem Forschungs- und Planungszentrum für die politischen Zielsetzungen der NS-Besatzungspolitik in Böhmen und Mähren in Angriff genommen werden. Der Anfang 1940 zum neuen Rektor der Deutschen Universität ernannte Göttinger Agrarwissenschaftler und SS-Standartenführer Wilhelm Saure soll diesen politischen Auftrag erfüllen. Er sieht die Zukunft der Universität durch Deutschlands wachsende Macht gesichert: »Sie wird die Trägerin, Künderin und Beschützerin des deutschen kulturellen und geistigen Gutes in ganz Südosteuropa. Diese Arbeit wird in Prag die führenden Geister und Köpfe des deutschen Raumes konzentrieren. Ihre Blütezeit, die ihrer altehrwürdigen Tradition entspricht, hängt mit dem größten Machtaufschwung des Reiches zusammen, der ihre Sicherheit und eine Existenz in Zukunft garantiert.«

Saure konzipiert auch die ersten Pläne zur Gründung einer an der Deutschen Universität anzusiedelnden Reichsstiftung, deren Forschungsschwerpunkte die geplante Germanisierung nach Deutschlands Sieg unterstützen soll. Die Bibliotheken und Gebäude der nach den Massendemonstrationen gegen die Okkupanten geschlossenen tschechischen Universitäten und Hochschulen in Prag dienen als Basis für die weitere Expansion der Hochschule. Die Universitätsbibliothek wird zur viertgrößten im Deutschen Reich. Neben den großen tschechischen Bibliotheken werden auch die 20.000 Bände umfassende Bibliothek samt wertvollen Handschriften der Jüdischen Kultusgemeinde beschlagnahmt und der Universität einverleibt.[83]

---

82 ebd., S. 253 ff.
83 ebd., S. 96 ff.

Friedrich Klausing und die Villa Waigner

Der Ausbau der Reichsuniversität Prag ist begleitet von einer Berufungspolitik, bei der kämpferische Nationalsozialisten bevorzugt werden. Einer dieser Aktivisten war Friedrich Klausing, seit 1930 Mitglied im »Kampfbund für deutsche Kultur« und im antidemokratisch-paramilitärischen »Stahlhelm«. Am 1. Mai 1933 tritt er der NSDAP bei, am 1. Oktober dem NS-Rechtswahrerbund. Nach der Überführung des Stahlhelms in die SA wird er SA-Obersturmführer und wehrpolitischer Referent der SA-Gruppe Hessen. Er beteiligt sich an der politischen Säuberung der Frankfurter Universität von Juden und »Linken« im Frühjahr 1933. Besonders verhaßt ist ihm der jüdische Sozialdemokrat und Arbeitsrechtler Hugo Sinzheimer, für dessen Entfernung von der Universität er sich vehement einsetzt. Für seine Verdienste um die Säuberung der Universität wird er am 28. November 1933 zum Dekan der juristischen Fakultät ernannt.

Klausing ist Experte für Bank- und Kreditrecht und vertritt das Deutsche Reich auf internationalen Konferenzen, er beklagt den jüdischen Einfluß in der Internationalen Akademie für vergleichende Rechtswissenschaft, zu deren Tagung 1934 aufgrund seines Eingreifens auf deutscher Seite nur arische Referenten und Berichterstatter zugelassen sind. Als Spezialist für GmbH-, Aktien- und Genossenschaftsrecht wird er in die Akademie für Deutsches Recht berufen. Diese 1933 gegründete Institution soll das NS-Programm in einem neu zu schaffenden »Volksgesetzbuch« verankern.[84]

Klausing bekämpft jüdische Juristen mit allen Mitteln. Ihre Namen und Werke sollen aus der Erinnerung und wissenschaftlichen Überlieferung verschwinden. Drei Tage vor seinem Selbstmord am 6. August 1944 gibt er noch wissenschaftliche Ratschläge für die Behandlung ehemaliger jüdischer Kollegen: »Der alte Jellinek kann wohl nicht zitiert werden, da er Volljude gewesen sein soll. Sein Sohn (Verwaltungsrecht) ist Halbjude und arisch verheiratet, wird aber in aller Regel ebenfalls nicht zitiert. Sie könnten selbstverständlich den Vermerk hinzusetzen: Nichtarier oder Jude.«[85]

Bei Kriegsbeginn meldet sich Klausing als Hauptmann der Reserve freiwillig zur Wehrmacht und nimmt nach dem Ende des Frankreich-Feldzugs seine Berufung zur Reichsuniversität Prag auf die freie Professur für Bürgerliches, Wirtschafts- und Arbeitsrecht an. Seine Übersiedlung nach Prag dauert aber noch einige Zeit. Zuerst gilt es, eine passende Wohnung oder

---

84 ebd., S. 183 ff., sowie Bernhard Diestelkamp, Michael Stolleis (Hg.): *Juristen an der Universität Frankfurt am Main*, Baden-Baden 1989, darin: Bernhard Diestelkamp: »Friedrich Klausing«, S. 171 ff.
85 Rektoratsarchiv der Karls-Universität, Prag, NU.R Klausing.

ein Haus zu finden. Mit der Treuhandstelle und anderen Institutionen entwickelt sich ein intensiver Schriftverkehr, der vor allem von Klausings Ehefrau geführt wird. Objekt der Begierde ist die Villa des jüdischen Ehepaars Waigner. Sie haben das Haus im Jahr 1923 gebaut und nach ihrer Heirat im gleichen Jahr bezogen. Beide stammen aus Cesky Brod. Emil Waigner wurde am 30. Januar 1890 geboren, seine Frau Marie am 20. März 1897. Mitglieder der Jüdischen Gemeinde sind beide nicht mehr. In ihren Meldepapieren werden sie als konfessionslos geführt. Die Villa liegt im damaligen XIX. Bezirk im Prager Vorort Bubentsch. Die erste Anschrift lautet Bubentscherstr. 53, später erhält das Anwesen die Hausnummer 55. Diese Anschrift hat das Anwesen noch heute. Die Villa wird als jüdischer Besitz enteignet und am 9. August 1940 von Marie Waigner dem Auswanderungsfonds der Zentralstelle für jüdische Auswanderung überschrieben. In der Akte des Hauses im Prager Grundbuchamt ist unter dem Datum des 13. August 1940 vermerkt: »Auf Grund der Erklärung vom 9. August 1940 wird das Eigentumsrecht für den Auswanderungsfonds für Böhmen und Mähren einverleibt.« Das Haus hat sechs Zimmer, einen Salon, drei Kammern, Küche, Bad und eine Zentralheizung. Zudem Wohnmöglichkeiten für einen Hausmeister. Das Ehepaar Waigner wird nach der Übertragungserklärung aus dem Haus geworfen.[86]

Emil Waigner war bis 1939 einer der Direktoren der Bank für Handel und Industrie (Länderbank) und nahm für sie Verwaltungsratsmandate in sechs Unternehmen wahr. 1940 ist es lediglich noch die Internationale Weinhandels A.G. in Prag, die Waigner als Mitglied ihres Verwaltungsrates aufführt.[87] Die Länderbank, deren Aktienmehrheit sich im Besitz der französischen Banque des Pays de L'Europe Centrale befindet, steht 1939 ganz oben auf der Übernahmeliste der Dresdner Bank. Zusammen mit der ebenfalls übernommenen böhmischen Escompte Bank verschafft sie der Dresdner Bank eine führende Stellung im Kreditwesen des Protektorats. Einen Teil der Transaktion finanziert die Dresdner durch jüdische Guthaben, die auf Sperrkonten eingezahlt worden waren. Die fast 140 jüdischen Angestellten der Bank werden entlassen. In einem internen Papier weisen die Verhandlungsführer der Dresdner Bank auf die Vor-

---

86 Document Center Berlin, Klausing, Bl. 1395, 1396, 1407, 1410, 1416, 1433, 1435, 1463, 1483, 1508, 1513, 1514, 1517. Zu Emil und Marie Waigner: Narodni Archiv Prag, Emil Waigner, Bestand PD 1941–1951, Sig. V 1661/1; Marie Waignerová, Bestand PD 1931–1940, Sig. V 1365/9, Karton 11846. Zur Baugeschichte des Hauses: Katastrální obec: Bubenc, PK4252/08.

87 *Compass. Industrielles Jahrbuch*, Prag, fortlaufend. In diesen Jahrbüchern für Wirtschaft und Finanzen ist Emil Waigner seit 1927 aufgeführt. In diesem Jahr wird er als stellvertretender Direktor der Bank für Handel und Industrie, der ehemaligen Länderbank in Prag, aufgeführt. Bis 1939 hat er auch Mandate in bis zu sechs Verwaltungsräten.

teile der »Arisierung« der Belegschaft hin: »Durch die Entlassung der jüdischen Angestellten würde auch die Globalsumme der Gehälter sämtlicher nichtarischer Funktionäre und Beamten ... eine beträchtliche Reduzierung erfahren.« Zwar setzt das französische Mutterhaus Abfindungen und Pensionen für die Entlassenen durch, doch die Deportation und Ermordung der ehemaligen jüdischen Angestellten entlasten die Bilanzen der Dresdner Bank in den kommenden Jahren erheblich.[88]

Waigner verfügt bereits Mitte der 20er Jahre über ein hohes monatliches Einkommen von 5.000 Kronen, fährt einen Mercedes und reist mehrmals in die Schweiz und nach Italien.[89] Nach beruflicher Position und Einkommen gehört er zum wohlhabenden tschechoslowakischen Bürgertum. Warum er und seine Frau das Land nach der deutschen Invasion nicht verlassen haben, konnte nicht festgestellt werden. Seine spätere Verhaftung war vielleicht die Folge eines gescheiterten Fluchtversuchs.

Die Familie Klausing braucht eine standesgemäße Unterkunft, die Villa der Waigners ist genau das richtige für sie. In einem Schreiben vom 25. November 1940 an das Reichsministerium für Wissenschaft und Volksbildung beschwert sich Klausing: »Die Beschaffung einer geeigneten Wohnung, in der eine größere Familie und meine Bücherei untergebracht werden kann, hat sich außerordentlich schwierig gestaltet. Die meisten Wohnungen dieser Art sind bereits von anderen Dienststellen in Anspruch genommen worden. Die Zahl der aus jüdischem Besitz stammenden Häuser wird immer geringer.«[90]

Reichsprotektor Neurath setzt sich dann persönlich für Klausing ein. Der stellvertretende Befehlshaber der Sicherheitspolizei und des SD, Maurer, berichtet seinem Vorgesetzten Karl Hermann Frank über die Vergabe der Villa an Klausing. Es gibt hochrangige Konkurrenten: die Familie des SA-Obersturmbannführers Becker, der von dem hohen SS-Oberführer Scherner unterstützt wird. Im Schreiben von Maurer heißt es:

Obwohl das Kaufangebot an sich günstig wäre, so konnte demselben nicht nähergetreten werden, weil die Zentralverwaltung das Haus bereits Prof. Dr. Klausing zugesprochen hat und außerdem die Beschaffung einer günstigen Ersatzwohnung – Prof Dr. Klausing hat einen größeren Haushalt mit mehreren erwachsenen Kindern – nicht mehr rasch genug möglich ist. Ich bringe diesen Sachverhalt zur Kenntnis, da SA-Obersturmbannführer Dr. Becker, der von der Zentralstelle im Sinne der obigen Ausführungen verständigt worden ist, sich mit dieser Auskunft nicht zufriedengab und insbesondere dessen Gattin erklärte, die Sache höheren Ortes anhängig zu machen. Um den

---

88 Harald Wixforth, a.a.O. (wie Anm. 47), S. 350 ff.
89 Zu Emil Waigner: Narodni Archiv Prag, Bestand PD 1941–1951, Sig. V 1661/1.
90 Document Center Berlin, Klausing, Bl. 1396.

Wohnungsbedarf von Dr. Becker zu befriedigen, wurden ihm von der Zentralstelle folgende Liegenschaften angeboten:

1 Villa in Prag XVI; Kammstr. 44
Früherer Mieter – Japanisches Generalkonsulat
7 Zimmer, sehr schöner Garten

1 Villa in Prag XIX; Yorckstr. 14
6 sehr große Zimmer mit Garten

1 Villa in Prag XII; Kroatische Straße 12
11 Zimmer in sehr gutem Zustand mit Garten

Frau Becker äußerte nach Besichtigung vorstehender Liegenschaften, daß sie weiterhin auf die Zuteilung der Villa Prag XIX; Bubentscherstr. 55 Wert legt.«[91]

Aber auch die Familie Klausing ist nach dem endgültigen Bezug der Villa nicht zufrieden. In Klausings Personalakte im Berliner Document Center sind die jahrelangen Querelen in einem umfangreichen Schriftwechsel zwischen dem Ehepaar und den verschiedenen Institutionen, vor allem dem Auswanderungsfonds der Zentralstelle für jüdische Auswanderung dokumentiert. Noch am 31. August 1942 wird über die Kostenverteilung für die Renovierungsarbeiten mit der Universitätsverwaltung gestritten. Immerhin ist es gelungen, die Anerkennung als Reichsmietwohnung zu erhalten sowie Zuschüsse der Universität für die Miete durchzusetzen. Der Streit wird auch wegen Geringfügigkeiten wie der Verrußung der Wäsche durch die mit Kohlen befeuerte Zentralheizung geführt und schriftlich durchgefochten.[92]

In dieser Zeit macht Klausing in Prag Karriere. Seit der Aufnahme seiner Lehrtätigkeit im Wintersemester 1940 entwickelt sich die Universität in enger Zusammenarbeit mit den Dienststellen der SS. Besonders Reinhard Heydrich, der am 27. September 1941 von Hitler zum faktischen Alleinherrscher des Protektorats ernannt wird, hat starkes Interesse am Aufbau einer sogenannten SS-Universität. Dazu gehören auch Pläne, eine zentrale Hochschule der deutschen Sicherheitspolizei und des SD in Prag einzurichten.

Die oben angeführten Überlegungen von Saure, in Zusammenarbeit mit der SS eine Reichsstiftung zu gründen, die, an der Universität angesiedelt, für die Bedürfnisse des Besatzungsapparats forschen und lehren sollte, werden von Heydrich weiter vorangetrieben. Nach der Tötung Heydrichs durch

---

91 Narodni Archiv Prag, 110-4/170.
92 Document Center Berlin, Klausing, Bl. 1407, 1410, 1416.

tschechische Widerstandskämpfer wird die Stiftung im Juli 1942 nach ihm benannt. Die aufgelösten tschechischen Hochschulinstitute werden in die Stiftung eingegliedert und bilden die materielle Basis für ihren weiteren Ausbau. Die Heydrich-Stiftung besteht aus neun Instituten. Alle Institutsdirektoren lehren an der Deutschen Universität. Die Institute der Stiftung sind größtenteils räumlich und personell identisch mit den entsprechenden Universitätseinrichtungen. Die Forschungsarbeit der Institute für Völkerpsychologie, Volksbiologie, Völkerkunde, tschechische Sprache und Volksmusik, Landesgeschichte und deutsches Recht ist darauf ausgerichtet, durch Nachweis des dominierenden deutschen Einflusses die Besetzung des Landes zu rechtfertigen und die geplante Eindeutschung und massenhafte Ermordung der tschechischen Bevölkerung nach »wissenschaftlichen« Kriterien zu planen und ideologisch zu begründen.[93]

Zum Leiter der Stiftung wird Hans Joachim Beyer ernannt, der als Inhaber des Lehrstuhls »Volkslehre einschließlich Grenz- und Auslandsdeutschtum« an der Reichsuniversität Posen und als SS-Obersturmbannführer seine theoretischen und praktischen Fähigkeiten zur Organisation von Massenmord hinlänglich bewiesen hatte. »Umvolkung« und »Entvolkung« sind die zentralen Begriffe in Beyers wissenschaftlichen Publikationen. Die »Verschmelzung artfremder Rassen« nutze nur den Juden, denn sie seien die einzigen, die ihre Eigenart bewahren könnten, ihre Anpassung sei nur Tarnung. Folgerichtig ist für Beyer eine zentrale Aufgabe der Stiftung die Untersuchung der »Bedeutung des Judentums für das deutsch-tschechische Verhältnis seit der Aufklärung«. Nach der Aufnahme seiner Tätigkeit als Leiter der Heydrich-Stiftung wird Beyer Mitglied des Akademischen Senats der Deutschen Universität.[94] Auf Initiative der Prager Studentenschaft ist die Universität seit 1939 bemüht, Lehrveranstaltungen und Vorlesungen über Rassenlehre, Bevölkerungspolitik, Rassenhygiene und Erbgesundheitslehre an der Universität zu etablieren. Als außerordentlicher Professor wird der radikale Antisemit Karl Thums berufen. Er baut ein Musterinstitut für das Fach »Pathologie der Abstammungs- und Rassehygiene« auf. Er gründet auch eine Ortsgruppe für Rassehygiene in Prag, wird Kreisleiter des Amtes für Rassereinheit und Funktionär der Gaudozentenführung. Das Institut für Sozialanthropologie und Volksbiologie des Professors Karl Valentin Müller führt Forschungsarbeiten über den »deutschen

---

93 Andreas Wiedemann: *Die Reinhard-Heydrich-Stiftung in Prag (1942–1945)*, Dresden 2002.
94 Karl Heinz Roth: »Heydrichs Professor. Historiographie des ›Volkstums‹ und der Massenvernichtung. Der Fall Hans Joachim Beyer«, in: Peter Schoettler (Hg.): *Geschichtsschreibung als Legitimationswissenschaft*, Frankfurt a.M. 1997, S. 262–342.

Blutsanteil« in der tschechischen Bevölkerung durch. Ziel ist die Entwicklung von Rastern für die Selektion der tschechischen Bevölkerung.

Die zentralen Dienststellen der SS und der Besatzungsbehörden werden laufend über die Ergebnisse der Forschungsprojekte informiert. An der Universität ist die NSDAP-Mitgliedschaft der Professoren und Dozenten fast eine Selbstverständlichkeit. Von den neuberufenen Hochschullehrern sind 58 Prozent bei der SS.[95]

Friedrich Klausing wird am 1. November 1943 zum Rektor der Reichsuniversität Prag ernannt. Klausings politischer Ruf ist untadelig, und seine Beförderung wird von einfußreichen Freunden im Reichsministerium für Wissenschaft, Erziehung und Volksbildung organisiert. Sofort setzt ein erbitterter Konkurrenzkampf mit Beyer um die Leitung der Heydrich-Stiftung ein. Gegenüber Frank bekundet Klausing seine Ambitionen bereits kurz nach seiner Amtseinführung. Beide Parteien sind sich allerdings einig im Bestreben, die Rassenstudien weiter auszubauen. Klausing unterstützt noch im Sommer 1944 ein entsprechendes Vorhaben. Auch die Vorlesungen in SS-Einrichtungen werden erweitert und von Klausing gefördert.[96] Er selbst wünscht sich, einmal vor NS-Führungsoffizieren auftreten zu dürfen. Am 23. April 1944 schreibt er an einen Major Lehmann: »Gerade vor NS-Führungsoffizieren würde ich sehr gerne einmal sprechen, weil ich selbst vor einiger Zeit vor der Frage stand, ob ich mich nicht für eine derartige Tätigkeit zur Verfügung stellen soll.«[97] Immerhin reicht es für Vorträge vor Amtsträgern der Partei zum Thema »Wehrmacht und Rechtsleben«.

Für den fanatischen Nazi, der mit der Ernennung zum Rektor einer der größten und politisch wichtigsten Universitäten den Gipfel seiner Karriere erreicht hat, bedeutet der Anschlag auf Hitler am 20. Juli 1944 das Ende seiner politischen und beruflichen Karriere. Dabei läuft die »Operation Walküre«, der von den Widerständlern um Stauffenberg ausgelöste militärische Putschversuch, in Prag als Farce ab. Es gibt keine nennenswerten Hitler-Gegner und keinen organisierten Widerstand unter den Deutschen in Prag. Die einzige Aktion ist die Festsetzung des persönlichen Referenten von Karl Hermann Frank durch einen Wehrmachtsgeneral. Der SS-Führer Robert Gies wird nach einigen Stunden, als klar ist, daß Hitler das Attentat überlebt hatte, mit vielen Entschuldigungen entlassen.

Die Verschwörer des 20. Juli sind sich einig, das Münchener

---

[95] Miskova, a.a.O. (wie Anm. 81), S. 291 ff.
[96] ebd., S. 205 ff.
[97] Rektoratsarchiv der Karls-Universität, Prag, NU.R Klausing.

Abkommen in ihr »neues Deutschland« zu retten. Erwägungen über den tschechischen Standpunkt oder gar Kontakte zur Exilregierung liegen außerhalb ihres Vorstellungsvermögens. Stauffenberg war am 4. Oktober 1938 persönlich am Einmarsch in die Grenzgebiete der Tschechoslowakei beteiligt, Ulrich von Hassel, der sich auch im Jahr 1939 schon im Widerstand gegen das Regime sieht, notierte im März 1939, »der Griff nach Prag« sei glänzend durchgeführt. Es gibt bei den verschiedenen Oppositionsgruppen des 20. Juli keinerlei Unrechtsbewußtsein bezüglich der Zerschlagung der tschechoslowakischen Demokratie und der Errichtung der deutschen Terrorherrschaft.[98]

Das einzige Todesopfer des Attentats auf Hitler war in Prag der Rektor der Deutschen Universität, Friedrich Klausing. Sein ältester Sohn Benno, Student der Theologie, Mitglied der Deutschen Christen und der SA, wird seit Anfang 1942 an der Ostfront vermißt. Der dritte Sohn ist im Vorbereitungsdienst für eine Laufbahn in der Forstverwaltung und dient als Freiwilliger in der Division Hermann Göring. Die Tochter hat ein Studium aufgenommen. Klausings Unglück führt sein zweiter Sohn, Friedrich Karl Klausing, herbei. Er hat im Potsdamer Infanterieregiment Nr. 9 im Rang eines Hauptmanns für den Führer in Rußland gekämpft und ist im Herbst 1943 verwundet worden. Nach seiner Entlassung aus dem Lazarett in Prag wird er an das Oberkommando des Heeres kommandiert. Er wird zum Adjutanten Stauffenbergs ernannt und findet schnell Zugang zu dem Verschwörerkreis, der Hitler beseitigen und Deutschlands Macht retten will. Den 20. Juli 1944 verbringt er im Bendlerblock in Berlin. Er ist beauftragt, Befehle für die »Operation Walküre« durchzugeben.

Die Beschreibung von Friedrich Karl Klausings Aktivitäten während des 20. Juli ist widersprüchlich. Im Untersuchungsbericht der Gestapo heißt es, Klausing sei »unter Anwendung der Schußwaffe ausgebrochen und konnte erst bei einer Suchaktion am nächsten Tag verhaftet werden«. Im Urteil des Volksgerichtshofs ist davon nicht mehr die Rede. Die Nacht nach dem Scheitern des Attentats verbrachte er in Zehlendorf bei Freunden. Warum er nicht versucht hat unterzutauchen, ist nicht geklärt. Am 21. Juli stellt er sich in der Bendlerstraße der Polizei.[99]

Vater Klausing wird am 26. Juli über die Beteiligung seines Sohnes informiert. Am gleichen Tag schreibt er an Frank: »Wie ich heute höre, soll mein zweiter Sohn ... wegen Beteiligung

---

98 Jaroslav Sonka: »Der 20. Juli 1944 – für Tschechen ein widersprüchliches Datum: Die deutsche Widerstandstat in tschechischer Perspektive«, Vortrag am 27. Mai 2004 in der Brandenburgischen Landeszentrale für politische Bildung.

99 Zu Klausing und dem 20. Juli 1944: Bernd Rüthers: »Eine ungewöhnliche Erbfolge. Zur Erinnerung an den Widerstandskämpfer Friedrich Karl Klausing«, in: »Frankfurter Allgemeine Zeitung«, 1. September 2004, Nr. 203, S. 35.

oder Verdacht einer Beteiligung an dem verbrecherischen Anschlag auf den Führer in Haft genommen worden sein. Worin diese Beteiligung bestanden hat oder bestanden haben könnte, entzieht sich meiner Kenntnis. Aber schon die bloße Tatsache eines Verdachts macht es mir als Vater unmöglich, das Amt eines Rektors der Deutschen Karls-Universität weiterzuführen und meine Tätigkeit als Hochschullehrer auszuüben, solange nicht die völlige Unschuld meines Sohnes erwiesen ist.«[100]

Klausings Rücktritt wird am 2. August angenommen. Am 5. August erscheint in der Prager Tagespresse ein Verzeichnis der Verschwörer. Bei einer sofort anberaumten Unterredung Klausings mit Frank stimmt dieser seinem Plan zu, sich freiwillig zur Wehrmacht oder Waffen-SS zu melden. Frank hat keinerlei Zweifel an Klausings absoluter Treue zum NS-Regime. Er empfiehlt, ihm die Möglichkeit zu geben, das zu sühnen, was sein zweiter Sohn verbrochen hat. Klausings Pech ist, daß es unter den Nazi-Aktivisten des Sudetengaus noch größere Fanatiker als ihn gibt. Als Franz May, der oberste SA-Führer des Sudetengaus, von der Beteiligung des Klausing-Sohns am Staatsstreich hört, fordert er, daß der Vater Suizid zu begehen habe, um sein Verhältnis zur SA zu bereinigen. Dies wird Klausing noch am gleichen Tag um vier Uhr nachmittags mitgeteilt. Über den weiteren Verlauf des Tages schreibt Alena Miskova: »Danach trafen sich die SA-Mitglieder aus dem Kreis der Professorenschaft wahrscheinlich noch einmal bei May in Reichenberg, um das besagte Verdikt zu mildern. May blieb aber hart und unbeugsam. Letztlich stimmte man überein, daß von der Auslöschung der ganzen Familie Klausing, die hinsichtlich der anderen Verräter vom Führer angeordnet worden war, nur abgesehen werden könne, wenn Klausing sich selbst töte. Diese Drehung verfehlte ihre Wirkung nicht.« Der Prager Bürgermeister Pfitzner, der das Ereignis in seinem Tagebuch ausführlich schildert, schreibt: »In der Nacht von Samstag auf Sonntag (6.8.1944) um halb drei morgens verließ er das gemeinsame Schlafzimmer und ging ins Arbeitszimmer, wo er sich dann erschoß.«[101]

In seinem Abschiedsbrief, der auch Frank zur Kenntnis gebracht werden soll, schreibt Klausing:

Das Schicksal hat es mir nicht vergönnt, mit der Waffe in der Hand in Ehren vor dem Feind zu fallen. So mag denn die Waffe, die ich aus dem ersten Weltkrieg heimbrachte und die mich auch in diesem Krieg begleitet hat, meinem Leben ein Ende bereiten.

Vielleicht hilft mein Tod mit, daß unser Volk sich endlich auf seine tiefsten und edelsten Werte und Kräfte besinnt und danach handelt.

---

100 Ders.: »Spiegelbild einer Verschwörung? Zwei Abschiedsbriefe zum 20. Juli 1944«, in: »Juristen-Zeitung« 14, 60. Jg., 15. Juli 2005, S. 689–740.
101 Siehe auch Miskova, a.a.O. (wie Anm. 81), S. 211 ff.

Lieber Benno: Lebewohl, wenn Du noch lebst. Solltest Du noch einmal in die Heimat zurückkehren, so bleibe Dir selbst treu und ringe und kämpfe für Deine ewigen Ideale.

Lieber Friedrich Karl – wenn Du doch eine Kugel gefunden hättest – stirb als Mann.

Lieber Otto: Ich hoffe, daß Du als Soldat kämpfen und vielleicht für Dein Vaterland fallen darfst. Solltest Du den Krieg überstehen, so hege den deutschen Wald und schaffe für Deine Ideen.

Liebe Mathilde – liebe Marie Sybille: Tragt als Frauen auch das Schwerste, lebt und dient deutschen Menschen und damit dem Ewigen. Bringt diese Zeilen zum Staatsminister K.H. Frank und erbittet sie für späterhin für Euch zurück.

Vater.

Es lebe Deutschland – es lebe der deutsche Geist, es lebe der deutsche Soldat! Es lebe die SA – es lebe der Führer![102]

Die Nachricht vom Selbstmord des Rektors verbreitet sich schnell unter der deutschen Bevölkerung Prags. Frank spricht der Witwe Klausing persönlich sein Beileid aus. Die Universitätsleitung beschließt, daß sich die Universität an der Beisetzung nicht offiziell beteiligt und auch keine Beileidsbezeugungen ausspricht. Himmler erlaubt die Beisetzungsfeier und in Absprache mit Frank die Teilnahme an der Beerdigung in Zivil ausdrücklich. Die nachträgliche Selbststilisierung einiger Trauergäste, die Teilnahme habe den Charakter einer Widerstandshandlung gehabt, ist absurd.

Die Beisetzungsfeierlichkeiten finden am 11. August in Prag statt. Der stellvertretende Bürgermeister Pfitzner, selbst ein begeisterter SA-Mann, kommentiert abschließend die Ereignisse:

Wir waren unlängst erst bei Klausing eingeladen und gewannen den Eindruck, daß es eines (Auslassung im Original) der Soldatenhaushalte und Familien ist, die man sich denken kann. Ich habe ihn immer als Nationalsozialisten kennen und schätzen gelernt. Wie war es möglich, daß aus einer solchen Familie ein Sohn emporwächst, der heute 24 Jahre, der die HJ-Ausbildung mitgemacht hat, der dann fähig ist, sich in einem Komplott gegen den Führer, das deutsche Volk und das deutsche Reich einzulassen? Andererseits? Kann der Vater für seinen Sohn, der schließlich seiner väterlichen Gewalt längst entwichen ist, verantwortlich gemacht werden? War es richtig von der SA gehandelt, den Vater in den Tod zu treiben? Hätte es nicht eine bessere Sühne dargestellt, wenn der Vater den Tod auf dem Schlachtfeld gesucht hätte, wenn er noch eine Anzahl Feinde mit ins Jenseits genommen hätte? Andererseits bleibt bestehen: Ein bestimmtes Maß an Verantwortung für die Erziehung seines Kindes trägt jeder Vater ... Das ungemein große Opfer, das ein Vater zur Rettung des guten Namens

---

102 Rüthers: »Spiegelbild einer Verschwörung?«, a.a.O. (wie Anm. 100).

seiner Familie gebracht hat, wie auch der Universität, wird der SA zugute kommen.[103]

Friedrich Karl Klausing wird am 8. August zusammen mit sieben weiteren Hitler-Gegnern in Berlin-Plötzensee gehängt. Vor dem Volksgerichtshof hatte er Worte des Bedauerns und der Distanzierung für seine Beteiligung an der Verschwörung gefunden. »Wenn ich rückblickend die Sache betrachte und mir rückblickend die Leute vor Augen führe, die beteiligt waren, muß ich sagen, daß es nicht gehen konnte und auch im Effekt nicht gut gewesen wäre.«[104] In seinem Abschiedsbrief schreibt Klausing, der den Glauben an die Richtigkeit seines Handelns verloren hatte, Worte des Bedauerns. Das Scheitern des Attentats bewertet er vor seiner Ermordung am Galgen »als ein Zeichen göttlicher Gnade«. Zu den Heroen des Widerstands wird Klausing bis heute nicht gezählt. Als aber am 8. August 2004 Freunde von ihm in der »Frankfurter Allgemeinen« eine Anzeige veröffentlichen, die an seinen Widerstand und die Umstände seiner Ermordung erinnert, empören sich die ehemaligen Herrenreiter und Hitler-Bewunderer vom Regiment Nr. 9 in Potsdam. Der Vorsitzende der Regimentskameradschaft ließ die Initiatoren der Anzeige wissen: Klausing sei kein Held, sondern ein »Verräter« seiner kämpfenden Kameraden gewesen, der die Niederlage Deutschlands im zweiten Weltkrieg mit zu verantworten habe.[105]

Da hatte es der Vater besser. Es fanden sich immer erfindungsreiche Interpreten seiner Tat, die dem fanatischen Nazi heimlichen und raffinierten Widerstand nachsagten. Die Witwe fürchtete anfangs um ihre Beamtenpension, die aber weder der Nazi-Staat noch die Bundesrepublik jemals in Frage stellten. Sie und andere erfanden geheimnisvolle Besuche von Widerstandskämpfern in der Villa der Waigners, die auch von der Gestapo durchsucht worden sei. Da die genannten Widerstandskämpfer bedauerlicherweise tot waren, konnte niemand mehr widersprechen, auch die Prager Gestapo hatte am 9. Mai 1945 ihre Arbeit eingestellt und ihre Akten verbrannt.

---

103 Miskova, a.a.O. (wie Anm. 81), S. 215.
104 Rüthers: »Spiegelbild einer Verschwörung?«, a.a.O. (wie Anm. 100), S. 689.
105 Diestelkamp: »Friedrich Klausing«, a.a.O. (wie Anm. 84), S. 177 ff.

4. Familie Schleyer erhält eine Villa

Nach dem Tod ihres Mannes muß die Witwe Klausing die Villa Waigner räumen. Frank und andere Kameraden ihres Mannes helfen ihr bei der Suche nach einer neuen Wohnung in Prag, was nicht so einfach ist, weil die Rektorenwitwe auf einer angemessenen Unterkunft besteht. Für das Anwesen in der Bubentscherstr. 55 gibt es mehrere Interessenten. Zu diesen gehört Hanns Martin Schleyer, der als SS-Untersturmführer wichtige Funktionen in der Rüstungswirtschaft des Protektorats einnimmt. In einem Schreiben der Wohnraumbewirtschaftungsstelle an das Büro von Frank, Chef des Ministeramts Dr. Gies, schreibt der zuständige Sachbearbeiter Rückwied am 29. August 1944:

Ich habe der Frau Klausing die leere 4-Zimmerwohnung Prag XIII, Russische Straße, II. Stock (früher Jude Klinger), in günstiger Lage angeboten, was sie jedoch ablehnte, weil sie eine Sechs-Zimmerwohnung brauche. Es ist unmöglich, ihr in Kürze eine solche zuzuweisen. Nun schreibt sie unter dem 27. d. M. gemäß Beilage, daß sie überhaupt nicht umziehen, sondern den Major i.G. Neumann mit seiner achtköpfigen Familie bei sich aufnehmen will. Ich bitte um Entscheidung, ob ich die Angelegenheit für erledigt halten darf. In diesem Fall würde ich die 4-Zimmerwohnung, Russische Str. 20, dem SS-Hauptsturmführer Eberhartinger und dem Dr. jur. Schleyer beim Rüstungsobmann Dr. Adolf … anbieten.[106]

Schleyer gelingt es, sich durchzusetzen. Für die Zuteilung einer Villa benötigte man die Zustimmung der Führung von SD und Sicherheitspolizei. Der stellvertretende Befehlshaber der Sicherheitspolizei und des SD, Maurer, erteilt denn auch sein Einverständnis zur Übernahme der Villa durch Schleyer. Rückwied schreibt an Gies: »Im Benehmen mit dem SD (Min. Rat. Dr. Maurer) habe ich Herrn Dr. Schleyer beim Rüstungsobmann und Zentralverband der Industrie (Auslassung im Original) in die Wohnung Klausing Prag XIX, Bubentscherstr. 55 eingewiesen. Herr Dr. Schleyer erhält das ganze Erdgeschoß und einen Teil des Obergeschosses. Frau Klausing begnügt sich mit 3 Zimmern des Obergeschosses. Auftragsgemäß werde ich das Referat VIII/2b Min. Rat. Bollacher bitten, die beiden Wohnungen baulich abzuteilen.«[107] Die Witwe Klausing hat schließlich doch noch Erfolg und erhält ihre Sechs-Zimmerwohnung. Dies berichtet jedenfalls Alena Miskova in ihrer Geschichte der Karls-Universität. Auch der Germanist Peter Demetz bestätigt in seinen »Erinnerungen« (*Mein Prag*, 2007) diese Version.[108]

---

106 Narodni Archiv Prag, 110-4/169, str.1.
107 Narodni Archiv Prag, 110-4/169, str.7.
108 Miskova, a.a.O. (wie Anm. 81), S. 214.

Hanns Martin Schleyer und seine Frau Waltrude beziehen die Villa laut Prager Melderegister zum 1. Oktober 1944. Schon früh hatte Schleyer sein Leben mit der SS verbunden. Aus einem nationalistischen Elternhaus stammend, tritt er 1931 der Hitler-Jugend, zwei Jahre später der Parteiarmee des Führers bei. Bereits im Alter von 18 Jahren erhält er im Jahr 1933 die SS-Mitgliedsnummer 227.014. Die SS ist zu dieser Zeit eine kleine elitäre Organisation, die der viel mächtigeren SA untergeordnet ist. Als Mitglied der NSDAP wird Schleyer erst zum 1. Mai 1937 registriert, weil im Frühjahr 1933 ein totaler Aufnahmestopp für Neumitglieder verhängt worden war. Sein Lebensweg führt den Nazi-Aktivisten über die Universität Heidelberg nach Innsbruck, wo er nach dem Einmarsch der Wehrmacht Leiter des dortigen Studentenwerks wird. Ein Netzwerk radikaler Antisemiten und fanatischer NS-Ideologen, die SS und der Nationalsozialistische Deutsche Studentenbund (NSDStB) fördern Schleyers Karriere während der gesamten Zeit der NS-Herrschaft nach Kräften. Sein Aufstieg verläuft parallel zum Einmarsch der deutschen Truppen in die Nachbarländer.[109]

Schon während seines Studiums in Heidelberg findet Schleyer Anschluß an die dortigen radikalen Sturmtruppen des NS-Studentenbundes. Diesen war es gelungen, mit einem erbarmungslosen Haßfeldzug den jüdischen Hochschullehrer für Mathematik und Statistik, Emil Gumbel, von der Universität zu vertreiben. Gumbel war ihnen als Pazifist und Jude besonders verhaßt. Zudem konnten sie sich der Sympathie eines großen Teils der Heidelberger Gesellschaft sicher sein. In Protestversammlungen mit Tausenden Teilnehmern und mit reichsweiten Kampagnen wird der jüdische Sozialdemokrat zum Reichsfeind Nr. 1, weil er die Verbindungen der Reichswehr zu terroristischen Organisationen aufgedeckt und in einer großen Studie – *Vier Jahre politischer Mord* – die Komplizenschaft großer Teile der deutschen Justiz mit rechtsradikalen Terroristen angeprangert und auf die grotesk milden Strafen für kaltblütigen Mord hingewiesen hatte. 1932 entzieht die Universität Heidelberg Gumbel die Lehrerlaubnis. Das rettet sein Leben, weil er noch im gleichen Jahr wegen fehlender beruflicher Perspektiven Deutschland verläßt. Von Seiten der Heidelberger Universität gab es bis zu seinem Tod 1966 kein Wort des Bedauerns für ihren Verrat und die Kapitulation vor dem rechtsradikalen Mob.[110]

Zum Helden der Republikfeinde und völkischen Nationalisten aller Couleur wird aufgrund dieses Erfolgs der militan-

---

109 Lutz Hachmeister: *Schleyer: Eine deutsche Geschichte*, München 2004, S. 79 ff. Zu Heidelberg siehe S. 100 ff.
110 Zu Gumbel siehe Karin Buselmeiers Vorwort zu Emil Julius Gumbel: *Verschwörer. Zur Geschichte und Soziologie der deutschen nationalistischen Geheimbünde 1918–1924*, Frankfurt 1984.

te Führer des Heidelberger NSDStB, Gustav Adolf Scheel. Seine Karriere führt ihn bis in Hitlers Testament, der ihn dort als Reichserziehungsminister vorschlägt. Scheel säubert die deutschen Studentenschaften von allen Gegnern des Regimes. Im Frühjahr 1933 organisiert sein Verband eine Orgie der Gewalt an den deutschen Universitäten. Die Bücherverbrennungen vom 10. Mai 1933 werden von Nazi-Studenten organisiert. Scheels besonderer Haß gilt den Juden. In ungezählten Reden fordert er ihre Entrechtung und Vertreibung. Er tut alles, ihr Leben in eine Hölle zu verwandeln. Sein Verband wird zu einer Kaderschule für die genozidale Elite des Deutschen Reichs. Seine Mitarbeiter und Kampfgenossen machen nach ihrer Tätigkeit im Studentenverband und den Hochschulen vor allem Karriere im NS-Vernichtungsapparat. Sie werden ranghohe Angehörige der SS, des SD und der Gestapo, Planer und Exekutoren von Deutschlands neuer Ordnung in Europa, leiten mobile Tötungskommandos, die Zehntausende Menschen hinter der Front ermorden.[111]

Nach Ablegung seines ersten Staatsexamens wird Schleyer als Mitarbeiter in das Heidelberger Studentenwerk eingestellt. Er hat sich bereits bei der Säuberung seiner Heidelberger Burschenschaft von jüdischen Mitgliedern, die vor der Verabschiedung des »Arierparagraphen« 1921 in die studentische Verbindung eingetreten waren und die man aufgrund von Restbeständen an aristokratischem Ehrgefühl nicht ausschließen wollte, Meriten erworben. In der HJ-Zeitschrift »Wille und Macht« verkündet Schleyer 1935: »Ich muß es allerdings ablehnen, daß man den Begriff der Treue, der uns Deutschen heilig ist, in irgendeiner Weise mit Juden in Verbindung bringt, und ich werde es nie verstehen können, daß ein Corps aus der Auflage, zwei Juden aus seiner Gemeinschaft zu entfernen, eine Existenzfrage macht. Eher würde ich schon verstehen, wenn es in einem nationalsozialistischen Staat diese Frage im Stillen bereinigen würde, damit die Öffentlichkeit von dieser immerhin peinlichen Tatsache nichts erfährt.«[112]

Das Heidelberger Studentenwerk erfüllt eine wichtige politische Funktion für die Konsolidierung der Nazi-Macht an der Universität. Schon in der ersten Zeit der Machtübernahme wurden jüdische Studenten von allen Leistungen der Studentenwerke ausgeschlossen. Mit der Verfügungsgewalt über erhebliche Haushaltsmittel wird es möglich, NS-Studenten gezielt zu fördern und zu belohnen. Im Mittelpunkt der politischen Arbeit

---

111 Zu Gustav Adolf Scheel siehe Hachmeister, a.a.O. (wie Anm. 109), S. 89 ff.; siehe auch Michael Wildt zur ideologisch-politischen Sozialisation der SS- und SD-Aktivisten, in: Michael Wildt: *Generation des Unbedingten. Das Führungskorps des Reichssicherheitshauptamtes*, Hamburg 2002, S. 72 ff.

112 Zit. n. Hachmeister, a.a.O. (wie Anm. 109), S. 120.

der Studentenwerke steht die Auslese »erbgesunder, charakterfester und fachbegabter Nationalsozialisten«, so das Reichsstudentenwerk 1941. Schleyer kontrolliert die Finanzen und hat die Möglichkeit, NS-Studenten gezielt zu fördern und zu belohnen. Der Reichsstudentenführer Scheel hat es geschafft, per Gesetz 1938 in Personalunion als oberster Studentenführer auch das Reichsstudentenwerk (RSW) zu leiten, eine Position, über deren Bedeutung Lutz Hachmeister in seiner Schleyer-Biographie schreibt: »Immerhin ging es beim RSW um eine Gesamtbilanz von 31 Millionen Reichsmark (Geschäftsjahr 1940/41). 51 einzelne Studentenwerke im Reichsgebiet waren zu lenken und zu überwachen und zahlreiche Posten an verdiente und hoffnungsvolle Führungskader der NS-Studentenschaft konnten vergeben werden.«[113]

Die Judenfrage doch im Stillen zu lösen, wie es Schleyer seiner Verbindung 1935 empfohlen hat, ist 1938 beim Einmarsch in Österreich nicht mehr nötig. Die antisemitische Gewalt ist endemisch und geprägt von einer besonderen sadistischen Brutalität und Vernichtungswut. Schleyer gehört zu den NS-Aktivisten, die von Scheel nach Innsbruck abgeordnet werden, um die dortige Universität zu säubern und gleichzuschalten. Er ist, wie seinem Heiratsantrag zu entnehmen ist, den er am 31. August 1938 in Berlin einreichen wird, mittlerweile Oberscharführer des Rasse- und Siedlungshauptamtes der SS und Angehöriger des Sicherheitsdienstes (SD), des Geheimdienstes der SS. Er tritt seinen Dienst in Innsbruck am 1. Mai 1938 an. Er wird Leiter des Wirtschafts- und Sozialamtes und »Untersuchungsführer« der Innsbrucker Studentenführung, Leiter der Bezirksstelle des Beratungsdienstes und Amtswalter in der Gaustudentenführung Tirol.[114]

Die Leopold-Franzens-Universität Innsbruck wird politisch und rassisch gesäubert. Im November 1938 kann der neue Rektor nach Berlin ins Reichserziehungsministerium melden, daß die Universität judenfrei ist. Auch die Stadt Innsbruck ist es fast – nach dem Pogrom vom 9. November, das hier mit brutaler Mordlust durchgeführt wird. Einige von Schleyers Kameraden aus der Universität tun sich besonders hervor. Sie sind wie Schleyer Angehörige der SS-Standarte 87. Ob Schleyer selber am Pogrom beteiligt war, wissen wir nicht. Er hat nie darüber gesprochen, und es hat ihn auch nie jemand danach gefragt.

Saul Friedländer schreibt über die Ermordung von Innsbrucker Juden:

---

113 ebd., S. 145 ff.
114 Zu Schleyers Mitgliedschaft im SD und im Rasse- und Siedlungshauptamt findet sich ein Eintrag auf seinem Heiratsantrag (enthalten in Bundesarchiv (BArch) ZJ 125, PA Hanns Martin Schleyer). Zu seiner Tätigkeit in Innsbruck siehe Hachmeister, a.a.O. (wie Anm. 109), S. 154 ff.

Die SS war durch Heydrichs Botschaft in Alarmbereitschaft versetzt worden. Nach der mitternächtlichen Vereidigungszeremonie für die neuen SS-Rekruten, die in derselben Nacht in Innsbruck wie in allen anderen großen Städten des Reiches stattgefunden hatte, versammelten sich die Männer gegen 2:30 unter dem Kommando von SS-Oberführer Hanns von Feil erneut in Zivil. In wenigen Minuten war ein spezielles Mordkommando, das sich in vier Gruppen geteilt hatte, auf dem Weg in die Gänsbacher Str. 4-5, wo einige der prominentesten jüdischen Familien von Innsbruck immer noch wohnten. In der Gänsbacher Str. 4 wurde der Ingenieur Richard Graubert vor den Augen seiner Frau und seiner Tochter erstochen. Im zweiten Stock desselben Gebäudes wurde Karl Bauer in den Flur gezerrt, man stach auf ihn ein und schlug ihn mit Gewehrkolben; er starb auf dem Weg in das Krankenhaus.

Der Vorsitzende der jüdischen Gemeinde, Berger, wurde von einem SS-Kommando in Zivil verschleppt und außerhalb der Stadt totgeschlagen.[115]

»Alle SS-Männer«, so der Befund von Saul Friedländer, »die an den Morden von Innsbruck beteiligt waren, waren alte Kämpfer, die Hitler fanatisch ergeben waren, extreme Antisemiten und beispielhafte Mitglieder des Ordens. Gerhard Lauseegger, der Anführer des Kommandos, das Berger umbrachte, war Mitglied einer studentischen Verbindung gewesen und hatte die Vereinigung aller schlagenden Verbindungen der Universität Innsbruck geleitet.«[116] Lauseegger war auch SS-Obersturmbannführer in der Standarte 87 Innsbruck. Am 3. Juni 1970 erhält Hanns Martin Schleyer die Ehrendoktorwürde der Universität Innsbruck. In der Begründung wird vor allem »seine treue Verbundenheit« mit der Universität gewürdigt.[117]

Eine Heirat auf »beiderseitige Verantwortung«

Nach dem Pogrom verlobt sich Schleyer an Weihnachten 1938. Er heiratet standesgemäß die aus einer angesehenen Münchener Nazi-Familie stammende Waltrude Ketterer. Ihr Vater Emil Ketterer ist einer der frühen und fanatischen Münchener Gefolgsleute Hitlers. Als Leichtathlet hatte er an den Olympischen Spielen 1912 in Stockholm teilgenommen. Nach dem Abschluß des Medizinstudiums 1913 war er im ersten Weltkrieg als Regimentsarzt tätig und ließ sich nach Kriegsende in München nieder. Als Mitglied eines rechtsradikalen Freikorps beteiligt er sich 1923 am Hitler-Putsch und wird dafür mit dem höchsten Orden der NSDAP, dem »Blutorden«, ausgezeichnet. Im April 1925 wird er Mitglied der NSDAP mit der Nummer 697

---
115 Saul Friedländer: *Das Dritte Reich und die Juden*, München 2007, S. 297.
116 ebd.
117 Hachmeister, a.a.O. (wie Anm. 109), S. 158 f.

und schließt sich Hitlers Schläger- und Straßenkampftruppe, der SA, an. Ketterer gehört zu den Mitbegründern des NS-Ärztebundes und ist Propagandist der Zwangssterilisierung und der Ermordung körperlich und geistig behinderter Menschen. Er leitet von 1929–34 den Disziplinargerichtshof des NS-Ärztebundes. Er wird 1933 Stadtrat in München und zuständig für die Krankenanstalten. Ketterer ist Mitglied der obersten SA-Stabsführung und an dieser Stelle maßgeblich beteiligt am Massenterror der SA im Frühjahr 1933. Bei der Ermordung der obersten SA-Führung in Bad Wiessee war er als persönlicher Arzt des SA-Führers Ernst Röhm anwesend. Er war nicht in Gefahr, da er als treuer Gefolgsmann des Führers galt. Nach der Überlieferung von Hitlers Auslandspressechef Ernst Haenfstengel hatte der Führer befohlen, Ketterer nicht zu verhaften. Als hoher Funktionär des NS-Ärztebundes beteiligt sich Ketterer an der Vernichtung der beruflichen und bürgerlichen Existenz der jüdischen Ärzte in Deutschland, die im Jahr 1938 abgeschlossen ist.[118] Als Leiter der Abteilung 12 der Reichsärztekammer in München (Approbation) ist er persönlich für die »Entjudung« der Münchener Ärzteschaft verantwortlich. Von 1936 bis 1945 ist Ketterer Vorsitzender des TSV 1860 München. Im Gegensatz zum »jüdischen« FC Bayern ist 1860 bei den Nationalsozialisten beliebt und gilt als einer der vier reichsweiten NS-Mustervereine. Wenig schmeichelhaft für den »proletarischen« Verein, der deswegen in seinem Internet-Auftritt lieber ganz auf die Jahre 1933–45 verzichtet.[119]

Die Verheiratung der Tochter Waltrude mit dem SS-Mann Schleyer bereitet einige Schwierigkeiten. Waltrude Ketterer wird am 21. Januar 1916 in München geboren. Sie studiert Medizin und bricht nach eigenen Angaben das Studium ab, um eine Ausbildung als Krankengymnastin zu machen. Sie lernt Schleyer in Freiburg bei einem Verbindungsfest kennen und erneuert die Bekanntschaft ein Jahr später in Berlin.[120] Am 11. Juni 1937 beantragt sie bei der Ortsgruppe Habnith im Fichtelgebirge ihre Aufnahme in die Partei des Führers.[121] Vermutlich absolviert sie dort ihren sogenannten »Arbeitsdienst« auf dem Land. Habnith ist eine winzige Ortschaft, die auch heute nicht mehr als 100 Einwohner zählt. Die Aufnahme in die Partei bereitet der jungen Frau keine Probleme. Die Parteikanzlei hat nämlich Anfang 1937 eine Anweisung erlassen, daß bei der geplanten Neuaufnahme von NSDAP-Mitgliedern alle »Vorurteile« gegen Frauen »auszuschalten« seien, wodurch der Anteil der Frauen

---

118 ebd., S. 72.
119 www.tsv1860.de/de/verein/klubinfo/index.php, 10. September 2009.
120 Hachmeister, a.a.O. (wie Anm. 109), S. 73.
121 BArch ZJ 125, PA Hanns Martin Schleyer.

bei den neuen Mitgliedern sich 1937 gegenüber 1933 auf zehn Prozent verdoppelt.

Auf dem Aufnahmeformular ist auch nachträglich Waltrude Ketterers NSDAP-Mitgliedsnummer 4093846 vermerkt. Das Formular trägt ihre Unterschrift und ist vom Ortsgruppenleiter und dem Gauleiter der Bayerischen Ostmark unterschrieben. Während ihres langen Lebens wird sie ihre NSDAP-Mitgliedschaft niemals öffentlich erwähnen und an ihrer Lebenslüge, sie sei die unpolitische Ehefrau eines untadeligen Mannes gewesen, tapfer festhalten.

Ende 1938 hat sie eine Prüfung durch das Rasse- und Siedlungshauptamt zu bestehen. Am 31. Dezember 1931 hatte der Chef der SS, Heinrich Himmler, für die Mitglieder der SS den »Verlobungs- und Heiratsbefehl« erlassen. Dieser untersagte SS-Männern eine Eheschließung ohne die ausdrückliche Erlaubnis Himmlers. Durch einen Abstammungsnachweis und eine rassische Untersuchung sollte die Ehewürdigkeit nachgewiesen werden. So sollte eine SS-Sippengemeinschaft aus rassisch hochwertigen Frauen und Männern geschaffen werden, die ihrerseits »gutrassigen« Nachwuchs haben sollten. Mit der Prüfung der Anträge beauftragte Himmler das neugegründete Rasseamt der SS. Das Rasseamt führte das »Sippenbuch der SS«, in das die Familien der SS-Angehörigen nach Erteilung der Heiratsgenehmigung eingetragen wurden. Die Abgabe des Heiratsantrags an das Rasseamt war erst möglich, wenn auch die offizielle Erlaubnis zur Verlobung erteilt war. Aus dem Rasseamt entwickelte sich das Rasse- und Siedlungshauptamt der SS.

Bereits 1934 hatten 14.694 Paare um die Erteilung der Verlobungs- und Heiratsgenehmigung nachgesucht. Insgesamt wurden bis 1945 240.000 Ehen auf der Basis der »rassischen« Prüfung geschlossen. Die Erlaubnis zur Heirat bildete die Eintrittskarte in die »rassische Oberschicht« Deutschlands. Diese Elite sollte das zukünftige germanische Großreich beherrschen. Die SS war kein reiner Männerbund. Die Rolle der Ehefrau war eine politische, und die Zugehörigkeit zur SS-Sippe garantierte eine herausragende Stellung innerhalb des deutschen Rassestaats. Deswegen war die Heirat mit großem bürokratischen Aufwand verbunden. So mußte die arische Abstammung anhand von Ahnentafeln bis ins Jahr 1800 nachgewiesen werden. Dafür wurden Urkunden und Belege aller Art benötigt.[122]

Für Schleyer war die Gründung seiner Sippengemeinschaft mit Problemen verbunden, die aus seinem frühen SS-Eintritt am 1. Juli 1933 resultierten. Er hatte damals den aufwendigen Abstammungsnachweis nicht erbringen müssen. Mit Befehl

---

122 Isabel Heinemann: *Rasse, Siedlung, deutsches Blut*, a.a.O. (wie Anm. 31), S. 50 ff.

vom 13. Juli 1934 war die Frist für alle SS-Männer, ihre arische Abstammung bis zurück zum Jahr 1800 nachzuweisen, auf den 1. Juni 1935 festgelegt worden. Schleyer drohte an der Herkunft seines Großvaters zu scheitern, der 1852 unehelich geboren worden war und dessen Vater ein Zollangestellter namens Neubert gewesen sein soll. Man konnte die Möglichkeit nicht ausschließen, daß Neubert Jude gewesen war. Ab August 1936 versuchte Schleyer seine lückenlose arische Abstammung zu beweisen.[123] Die deutschen evangelischen und katholischen Kirchen, so zeigt sich beispielhaft, bildeten das bürokratische Rückrat des NS-Rassestaates, weil ohne ihre Kirchenbücher, die alle Taufen, die Namen der Eltern und auch die Herkunft von Konvertiten verzeichneten, weder die Nürnberger Gesetze gegen die jüdische Bevölkerung durchführbar, noch die »arische Abstammung« der SS-Männer nachweisbar gewesen wären. Die Kirchen erfüllten die Aufgabe, dem NS-Staat als Rassekataster bei Ermordung und Auslese zu dienen, ohne nennenswerten Widerspruch.

Neben den Kirchengemeinden waren das Standesamt der Stadt Singen und die Hauptzollverwaltung Adressaten von Schleyers Ersuchen, ihm bei der Feststellung des Urgroßvaters zu helfen. Er schließt einen Brief mit den Worten »Aus begreiflichen Gründen ist mir an der Feststellung des Vaters (seines Großvaters, E.S.) sehr gelegen.«[124] Das gesamte Verfahren zieht sich bis zum 31. Mai 1937 hin. Dann sendet Schleyer seine Ahnentafel mit 90 Urkunden an das Rasse- und Siedlungshauptamt in Berlin. In dem Dokument kann er keinen Nachweis führen über den unbekannten Urgroßvater. Weil der ein Jude gewesen sein könnte, ist Schleyers Eheschließung akut gefährdet. Er stellt trotzdem den Heiratsantrag am 31. August 1938. In seinem »Verlobungs- und Heiratsgesuch« weist er auf die Position seines künftigen Schwiegervaters in der Hierarchie hin, die an sich die Benennung von Bürgen unnötig mache, und nennt dann doch unter der Rubrik »Name und genaue Postanschrift von 2 Bürgen« für die zukünftige Ehefrau folgende Namen:

1. Obergruppenführer Brückner, Chefadjutant des Führers
2. SS-Gruppenführer Wolff[125]

Brückner kannte Hitler bereits als Reichswehrsoldat. Er kämpfte als Freikorpsmitglied gegen die Münchener Räterepublik und trat 1922 in die NSDAP ein. Am 1. Februar 1923 wurde er zum Führer des SA-Regiments München ernannt. Im selben

---

123 Siehe den umfangreichen Schriftverkehr mit Kirchengemeinden, Standesämtern und anderen Institutionen in BArch ZJ 125, PA Hanns Martin Schleyer.
124 ebd.
125 ebd., Heiratsantrag Schleyer.

Jahr beteiligte er sich am Putsch der NSDAP gegen die Republik. Nach seiner kurzen Haft übernahm er die Führung eines SA-Regiments. Beschäftigt war er als dritter Generalsekretär im »Verein für das Deutschtum im Ausland«. Brückner wurde zum engen Vertrauten Hitlers und trat im 1932 gedrehten Propagandafilm »Hitler über Deutschland« auf. Am 9. November 1934 wurde er zum SA-Obergruppenführer ernannt und für zwei Wahlperioden in den Nazi-Reichstag entsandt. Am 18. Oktober 1940 wurde der fanatische Nazi aufgrund einer Intrige überraschend entlassen. Angeblich wurde er dann als Oberst bei der Wehrmacht aufgenommen. Ein Strafverfahren in der Bundesrepublik wurde nie gegen ihn eröffnet. Er starb 1954.[126]

Auch Wolff hatte seine Nazi-Karriere in München begonnen, war 1931 in die SS eingetreten und wurde 1936 zum Chef des persönlichen Stabes von Heinrich Himmler ernannt. 1939 wurde er Verbindungsoffizier der SS zum Führer. Als Himmlers Beauftragter koordinierte er die Planungen zum Aufbau von Auschwitz III, den Bunawerken der IG Farben. Er organisierte den Freundeskreis des Reichsführers SS. Als es auf dem Höhepunkt der Vernichtung der Warschauer jüdischen Bevölkerung in Treblinka im August 1942 zu Transportengpässen der Deutschen Reichsbahn kommt, bittet Wolff den stellvertretenden Reichsbahnminister Ganzenmüller telefonisch um zusätzliche Züge. Dieser hilft schnell und unbürokratisch. In einem Schreiben vom 13. August bedankt sich Wolff: »Mit besonderer Freude habe ich von Ihrer Mitteilung Kenntnis genommen, daß nun schon seit 14 Tagen täglich ein Zug mit Angehörigen des auserwählten Volkes nach Treblinka fährt ... Ich habe von mir aus mit den beteiligten Stellen Fühlung aufgenommen, so daß eine reibungslose Durchführung der ganzen Maßnahme gewährleistet erscheint.« Von Ende Juli 1942 bis Ende August 1942 kamen in Treblinka schätzungsweise 312.500 Menschen um. Dies bedeutet, daß während dieses einen Monats in Treblinka täglich zehntausend Menschen in den Gaskammern erstickt oder auf dem Gelände erschossen wurden.

Wolff wurde der höchste SS- und Polizeiführer in Italien. In Deutschland gefeiert wurde er in den 80er Jahren allerdings für eine andere Tat. Er rettete den Papst angeblich vor einer Entführung durch seine SS-Kameraden. Als Adolf Eichmann in Israel vor Gericht stand, wurde er von Wolff in Schutz genommen. Er behauptete, auch er habe erst im März 1945 von den Judenmorden gehört. Es gab empörte Gegendarstellungen und ein Ermittlungsverfahren wegen der Ermordung der jüdischen Bevölkerung Warschaus. Am 30. September 1964 wurde Wolff wegen

---

126 Zu Wilhelm Brückner siehe http://de.wikipedia.org/wiki/Wilhelm_Brückner, 10. September 2009.

Beihilfe zum Mord in 300.000 Fällen zu 15 Jahren Haft verurteilt. Allerdings wurde er wegen gesundheitlicher Beschwerden 1969 wieder auf freien Fuß gesetzt. Er lebte noch bis 1984 und war ein von Journalisten begehrter Gesprächspartner. Vor allem der »Stern« griff gerne auf seine Dienste als NS-Experte zurück. Der Massenmörder wurde zum freien Mitarbeiter des »Stern« und half auch, die verschollenen Tagebücher des Führers zu besorgen. Als die sich als Fälschung entpuppten, sollte er noch einmal als Zeuge vor Gericht. Sein Tod am 15. Juli 1985 verhinderte diesen letzten Auftritt.[127]

Die Verlobung von Hanns Martin Schleyer und Waltrude Ketterer wird an Weihnachten 1938 trotz fehlender Heiratserlaubnis von Himmler verkündet. Die ganze Prozedur, erklärt Isabel Heinemann in ihrer Studie über das Rasse- und Siedlungshauptamt der SS (siehe Anm. 122), »hatte sich im Laufe der Jahre de facto zu einer Heiratsgenehmigung nach bereits erfolgter Verlobung weiterentwickelt«. Dann greift vermutlich der Vater der Braut ein – vermutlich, denn die Akten von Waltrude Schleyer im Berliner Document Center lagen dem Autor nicht vor. Der Reichsführer SS nimmt sich der Sache an und verlangt die Unterlagen über die Abstammungs- und Rassequalität des Paars am 26. September durch »Eilordonnanz«. Am 4. Oktober 1939 ergeht folgendes Schreiben im Auftrag Himmlers an das Rasse- und Siedlungshauptamt in Berlin (unterschrieben vom Ehebürgen Karl Wolff):

Die bisher eingereichten Unterlagen zum Heiratsgesuch des SS-Oberscharführers Hanns Schleyer mit Fräulein Waltraut Ketterer wurden dem Reichsführer SS vorgelegt. Da sowohl SA-Obergruppenführer Ketterer, der Vater von Waltraut K., wie auch Fräulein Ketterer selbst dem Reichsführer SS persönlich bekannt sind, wurde am 1. Oktober nachstehendes Telegramm an Fräulein Waltraut K. abgeschickt:

»Heirat mit SS-Oberscharführer Schleyer auf beiderseitige Verantwortung freigegeben. Unterlagen später nachreichen. Brief folgt.«

In einem in diesen Tagen zum Auslauf kommenden Brief wurde Fräulein Ketterer gebeten, für die Nachreichung der noch fehlenden Unterlagen besorgt zu sein und auch SS-Oberscharführer Schleyer dazu anzuhalten.[128]

Die Heirat auf »beiderseitige Verantwortung« bedeutete Zweifel an der rassischen Reinheit der zu gründenden SS-Sippe. Damit verbunden war die Verweigerung der Aufnahme des Ehepaars Schleyer und seiner Nachkommenschaft in das Sippenbuch der SS. Die Wirkung dieses Verdikts auf die beiden überzeugten Antisemiten kann man sich vorstellen. Es gehörte

---

127 Zu Wolff siehe Ernst Klee: *Das Personenlexikon zum Dritten Reich. Wer war was vor und nach 1945*, Frankfurt 2003, S. 686.
128 BArch ZJ 125, PA Hanns Martin Schleyer.

zu den Glaubenssätzen des NS-Antisemitismus, daß sich jüdisches Blut selbst in minimalen Anteilen immer gegen den gutartigen Rassekern durchsetzen würde. Die Debatte über die Behandlung von »Halb«- und »Vierteljuden« wurde intensiv bis zum Ende des Regimes geführt.

Die Heirat erfolgte unmittelbar nach dem Telegramm Himmlers am 21. Oktober 1939. Das SS-Paar blieb fünf Jahre kinderlos, trotz des Befehls Himmlers vom 28. Oktober 1939 an seine SS-Leute, Nachkommenschaft zu zeugen. Es ist die Rede von Fehlgeburten der Frau Schleyer. Mit der Ernennung Schleyers zum SS-Führer beim Reichssicherheitshauptamt am 27. Januar 1944 rückwirkend zum 1. Januar 1944 ändert sich das.[129] Am 1. November 1944 wird Hanns Eberhard geboren. Ob das Verdikt aufgehoben war, die rassische Reinheit des Paars mittlerweile akzeptiert wurde und sie für die Registrierung im SS-Sippenbuch für würdig befunden wurden, wissen wir nicht.

Für Hanns Martin Schleyer ist die Aufnahme in die Zentrale des Völkermordes, in der die Vernichtung der europäischen Juden geplant und organisiert wird, eine große Auszeichnung. Hier sind Gestapo, Kriminalpolizei und SD unter dem Dach der SS vereint in einer völlig neuartigen Organisation, deren einziger Zweck in der Planung und Organisation der Vernichtung der europäischen Juden und aller als rassisch minderwertig angesehenen Menschen besteht.

Nach seiner Teilnahme am Frankreichfeldzug war Schleyer nach Prag abkommandiert worden. Er begann seinen Dienst beim größten Studentenwerk des Reiches am 1. Mai 1941. Das Prager Studentenwerk verfügte über einen Etat von 10 Millionen Reichsmark und hatte 160 Beschäftigte. Neben der Deutschen Universität gehörte auch die Technische Universität Prag zu seinem Zuständigkeitsbereich.

Sofort nach dem Einmarsch in Prag und der Bildung des Protektorats wird das Prager Studentenwerk zur Filiale des Reichsstudentenwerks unter der Leitung von Schleyers altem Kameraden Scheel. Der Nazi-Studentenverband ist in 24 Kameradschaften gegliedert, denen vier Kameradschaftshäuser zur Verfügung stehen. Auch in Prag gibt es verschiedene Arten der Studienförderung durch das Studentenwerk, die vor allem überzeugten Nazi-Aktivisten zugute kommen. Die deutschen Studenten sind der tschechischen Bevölkerung als militante Nazis besonders verhaßt. Nach der Schließung der tschechischen Universitäten und ihrer Ausweidung für den Bedarf der deutschen Hochschulen gibt es seit November 1939 für Tschechen

---

129 ebd., siehe auch Hachmeister, a.a.O. (wie Anm. 109), S. 223. Hachmeister zeichnet diesen Vorgang als primär verwaltungstechnischen.

keine Möglichkeiten zum Studium mehr. 1.200 Studenten werden in das Konzentrationslager Sachsenhausen eingeliefert und als Geiseln für tschechisches Wohlverhalten festgehalten.[130]

Zu Schleyers Aufgabenbereich gehört auch die Verwaltung der Wohnheime und die Beschaffung studentischer Unterkünfte. Am 17. November 1941 wird er in einem Schreiben vom Rektor der Universität, dem damaligen SS-Standartenführer (und späteren FDP-Mitglied des Hessischen Landtags) Wilhelm Saure, dazu aufgefordert, Wohnungen und Zimmer für Studierende zu beschaffen. Saure verweist Schleyer auf die Möglichkeiten der Wohnungsbehörde der Protektoratsverwaltung und empfiehlt ihm, sich mit Oberinspektor Masalsky in Verbindung zu setzen. Masalsky verwaltet einen Teil des jüdischen Wohnungsbestandes, der von der Zentralstelle zur Verfügung gestellt wurde.[131] Das Ehepaar Schleyer, das vorübergehend in einem Studentenwohnheim untergekommen war, konnte dieses Provisorium schnell verlassen und zog nach Prag-Holesovice in ein mehrstöckiges Haus, das bereits Mitte 1939 arisiert worden war. Es hatte den jüdischen Familien Kolisch und Klein gehört. Rudolf Klein und seine Frau wurden nach Theresienstadt deportiert und ermordet. Ihre Tochter Nina Dorothea Klein wurde durch den Winton-Kindertransport gerettet und nach London gebracht. (Nicholas Winton rettete auf eigene Initiative zwischen März und September 1939 669 jüdischen Kindern das Leben, indem er sie in acht Transporten von Prag nach London brachte, wo sie von englischen Familien aufgenommen wurden; er wurde dafür in den Adelsstand erhoben. Die tschechische Republik ehrte den heute Hundertjährigen mit der Verleihung des Thomas G. Masaryk-Ordens.) Das Ehepaar Frantisek und Josefa Kolisch konnte mit seinen beiden kleinen Söhnen Petr und Tomas in die USA entkommen. Ihr Wohnhaus lag in der Messestraße 19 und wurde von den Schleyers laut Eintrag im Melderegister am 2. September 1941 bezogen. Laut Auskunft von Frau Schleyer war die Wohnung zwar zu klein, da man aber keine andere habe finden können, habe man notgedrungen dort bleiben müssen.[132]

Diese Auskunft ist nicht glaubhaft. SS-Offiziere wie Schleyer waren auf dem Prager Wohnungsmarkt privilegiert. Schleyer beschwerte sich später nach seinem Wechsel in den Zentralverband der Industrie am 1. April 1943, fortwährend mit Anfragen nach Wohnungen und Häusern belästigt worden zu sein. Er soll,

---

130 Miskova, a.a.O. (wie Anm. 81), S. 38 ff.
131 Das Schreiben von Saure findet sich im Rektoratsarchiv der Karls-Universität, Prag, RNU.G1 Studentenwerk Prag 1940–1944.
132 Auskunft zum Haus Messestraße 19 über Katasteramt Prag, dadurch Feststellung der Eigentümer. Die jüdischen Familien Kolisch und Klein sind bei der Jüdischen Gemeinde Prag erfaßt. Auskünfte wurden Frau Meret Brandner erteilt.

so will es eine Familienanekdote, der Sängerin und Schauspielerin Margot Hielscher als Bedingung für die Besorgung einer Wohnung einen Gesangsvortrag abverlangt haben. Welche Judenwohnung Hielscher im Auge hatte, wissen wir nicht.

Die Messestraße 19 liegt in unmittelbarer Nähe des Prager Messegeländes, keine 300 Meter vom zentralen Deportationsort der Prager Juden entfernt. Schleyer wohnt mit seiner Frau in unmittelbarer Nähe und kann das Grauen jeden Tag beobachten. Als Angehöriger der SS weiß er, was mit den Menschen geschehen wird. Die Deportationen aus Prag beginnen am 16. Oktober 1941. Bis März 1943 sind es 36.000 Menschen, die auf dem Messegelände konzentriert, ausgeplündert und schließlich unter Bewachung zum nahen Bahnhof gebracht werden. Etwa 7.000 werden direkt in Vernichtungslager transportiert, die anderen nach Theresienstadt. 1944 gibt es fast keine Juden mehr in Prag. Erst Anfang 1945 beginnen die Transporte wieder – diesmal für die »Mischlinge«, die »Halbjuden«. Sie sollen nach Theresienstadt. Ihr weiteres Schicksal ist ungewiß. Der letzte Transport verläßt das Prager Messegelände am 16. März 1945 mit 139 Menschen.[133]

Emil und Marie Waigner verlassen Prag nicht über das Messegelände. Nach dem Verlust ihres Hauses haben sie in verschiedenen Wohnungen Unterkunft gefunden. Ihre Lebensspuren in Prag sind spärlich. Emil muß seinen Führerschein abgeben, Juden ist das Autofahren verboten. Wir stoßen wieder auf den Namen Emil Waigner bei der Gestapo im Prager zentralen Gefängnis Pankrac. Er wird dort am 16. Dezember 1941 unter dem Vorwurf »Verschiebung jüdischen Eigentums« eingeliefert.[134] Es ist die Zeit des Heydrich-Terrors im Protektorat. Massenhinrichtungen von Widerstandskämpfern sollen die deutsche Herrschaft stabilisieren. Zugleich wirbt Heydrich um die tschechischen Arbeiter, erhöht ihre Lebensmittelzuteilungen, empfängt Arbeiterdelegationen auf der Prager Burg und eröffnet eine Kampagne gegen angebliche jüdische Schieber und Schwarzmarkthändler. Eine Verhaftung unter diesem Vorwurf hat in der Regel die Hinrichtung oder die Einweisung in ein Konzentrationslager zur Folge. Mauthausen in Österreich ist der Inbegriff des Grauens für alle Gegner des Regimes. Die Menschen werden dort wochenlang zu Tode gequält. 1944 wird dort eine kleine Gaskammer installiert. Tausende werden darin ermordet. Im Steinbruch von Mauthausen werden Tausende Opfer des Programms »Vernichtung durch Arbeit«.

Am 20. Dezember 1941 wird Emil Waigner durch Verfügung der Gestapo von Pankrac nach Mauthausen deportiert. Er erhält die Häftlingsnummer 5.771 und stirbt im Alter von 53 Jahren am

---

133 Vojtech Sustek (Hg.): *Josef Pfitzner*, a.a.O. (wie Anm. 60), S. 151.
134 Narodni Archiv Prag, 2. 5399–5846.

19. Februar 1942. Im Totenbuch Mauthausen wird als Todesursache Bluthochdruck und dadurch hervorgerufene Gehirnblutung eingetragen.[135] In einer unter Lebensgefahr von den Gefangenen geführten Liste über die wirklichen Umstände des Todes der Häftlinge ist der Name Emil Waigner nicht aufgeführt. Diese Liste enthält für die Zeit vom 1. Januar 1942 bis 15. April 1942 die Namen von 618 ermordeten Tschechen und von 151 ermordeten Juden. Am 24. Oktober 1942 werden 252 Tschechen wegen der Unterstützung der Heydrich-Attentäter in Mauthausen hingerichtet. Bis zur Befreiung des Lagers werden über 110.000 Menschen ermordet, darunter Tausende Bürger der tschechoslowakischen Republik.[136]

Marie Waigner wird am 24. Februar 1942 in das Frauenkonzentrationslager Ravensbrück deportiert. Sie erhält bei ihrer Einlieferung die Häftlingsnummer 9.558. Das Kalendarium der Ereignisse im KL Ravensbrück vermerkt zu den Einlieferungen am Tag, an dem die Nummern 9.540 bis 9.565 vergeben werden: »26 Tschechinnen, tschechische Jüdinnen, Polinnen, Zigeunerin, Yugoslawin, ohne Angaben«. Über Marie Waigners Aufenthalt in Ravensbrück wurden bis jetzt keine weiteren Einzelheiten bekannt.

Die SS-Führung beschließt im März 1942 eine Erweiterung des Vernichtungslagers Auschwitz. Ein Lager für Frauen soll eingerichtet werden. Dazu werden am 26. März 1942 999 Frauen aus Ravensbrück nach Auschwitz deportiert. Das Lager in Auschwitz untersteht weiter der Kommandantur in Ravensbrück und wird erst im Sommer formal zum Bestandteil des Auschwitzer Lagerkomplexes. In der Akte des Internationalen Suchdienstes in Arolsen hat Marie Waigner für Auschwitz eine sehr niedrige Häftlingsnummer: 3.745. Laut dem Kalendarium der Ereignisse im KL Auschwitz erreichen an diesem Tag 965 vom Reichssicherheitshauptamt eingewiesene jüdische Frauen aus der Slowakei das Lager. Sie erhalten die Nummern 2.797 bis 3.761. Die Registrierung der Einlieferungen erfolgt ohne Wissen der SS. In der politischen Abteilung des Lagers beschäftigte Häftlinge kopieren Transport- und Eingangslisten. Die Kopien werden im Jahr 1944 aus dem Lager geschmuggelt und sind die letzte Lebensspur Tausender Menschen. Es werden Nummern auch doppelt vergeben, dennoch ist die Ankunft von Marie Waigner in Auschwitz nicht genau feststellbar.[137] Am 6. August 1942 wird das sogenannte Frauenlager in Birkenau in Betrieb genommen. Eine polnische Gefangene erinnert sich:

Das Erscheinungsbild des Lagers Auschwitz II Birkenau entsprach

---

[135] Auskunft Mauthausen Memorial, Archiv der KZ-Gedenkstätte Mauthausen, 3.500/805–IV/7/09.

[136] Haasis, a.a.O. (wie Anm. 24), S. 124 ff.

[137] Auskunft betr. Marie Waigner, Internationaler Suchdienst Arolsen, Archiv-Nr. 467.

haargenau den dort herrschenden bestialischen Lebensbedingungen und dem dort betriebenen Massenmord ... die Luft war geschwängert von den krankheitsbringenden Ausdünstungen und vom Angstschweiß der Häftlingsmassen. Kein Vogel konnte dort existieren. Nachdem 1943 die Krematorien II und III und etwas später die Krematorien IV und V gebaut und in Betrieb genommen waren, wurde die Atmosphäre noch unerträglicher. Der seifig-fettige Rauch aus den Schornsteinen, dem sich niemand entziehen konnte, erfaßte das ganze Lager und vermischte sich mit dem Gestank der in den Gruben verbrannten Leichen.[138]

Aufgrund von Himmlers Befehl, die Konzentrationslager im Reich »judenfrei« zu machen, werden 522 in Ravensbrück inhaftierte Jüdinnen und andere Häftlinge am 6. Oktober 1942 in Birkenau eingeliefert. Sie erhalten die Häftlingsnummern 21.428 bis 22.049. In den ersten drei Oktobertagen waren insgesamt 5.400 Frauen selektiert und in den Gaskammern erstickt worden. Es wäre möglich, daß sich unter ihnen Marie Waigner befand. Üblicherweise wurden solche Massen von Toten erst im Verlauf eines Monats registriert, mit unterschiedlichen Sterbedaten.[139]

Marie Waigner stirbt offiziell am 14. Oktober 1942 in Auschwitz. Als Todesursache wird in der Sterbeurkunde »Akuter Magen-Darmkatarrh« eingetragen. Seit 1941 gibt es die Anweisung der Kommandantur von Auschwitz, einige bestimmte Krankheiten als Todesursache anzugeben, um eventuelle Nachfragen etwa des Roten Kreuzes oder des Vatikans, der sich Sorgen über den Verbleib seiner jüdischen Konvertiten machte, präzise beantworten zu können. Marie Waigners Tod wird am 22. Oktober in einer standesamtlichen Urkunde offiziell bescheinigt. Die angebliche Todesursache bestätigt der Hauptsturmführer und SS-Arzt Dr. Hellmuth Vetter.[140]

Vetter führt seit 1941 Experimente mit Häftlingen in Auschwitz, Dachau und Mauthausen durch. Der ehemalige Mitarbeiter der Bayer AG versucht durch die Erprobung an Häftlingen, die man vorher infiziert hat, Medikamente gegen das durch Läuse übertragene Fleckfieber zu finden. Die paradiesischen Bedingungen für Menschenversuche in den Konzentrationslagern werden in engem Kontakt zu seinem früheren Arbeitgeber genutzt. Vetter kommt am 13. Oktober 1942 nach Auschwitz und wird neben Mengele zu einem der gefürchtetsten Mörder im La-

---

138 *Die Auschwitz-Hefte*, Bd.1, Hamburg 1987, darin: Ergänzungsband M. Chylinska, Frauen in Auschwitz-Birkenau, S. 10–14.
139 Vgl. auch die Eintragungen in Danuta Czech: *Kalendarium der Ereignisse im Konzentrationslager Auschwitz-Birkenau 1939–1945*, Hamburg 1989. Hier v.a. 1. bis 6. Oktober 1942.
140 Auskunft betr. Marie Waigner, Internationaler Suchdienst Arolsen, Archiv-Nr. 467.

ger. Am 25. September ordnet der »Reichsarzt SS und Polizei« Ernst-Robert Grawitz, der mit Vetter zusammenarbeitet, neue Fleckfieber-Experimente mit Häftlingen an. Über 250 Häftlinge werden im Block 10 infiziert und anschließend mit den Bayer-Präparaten behandelt. Die erweisen sich als wirkungslos, die meisten Gefangenen sterben einen langsamen Tod. Daß Marie Waignerova zu den Opfern der Menschenexperimente gehörte, ist ein vager Verdacht. Ein US-Militärgericht in Dachau verurteilt Vetter 1947 zum Tod am Galgen.[141]

1942 entscheidet sich Hanns Martin Schleyer, seine juristische Laufbahn abzubrechen. Die traditionelle Bürokratie nervt ihn mit Forderungen nach Ableistung seines Vorbereitungsdienstes. Das Reichsministerium des Innern ist nicht bereit, ersatzweise seine Tätigkeit in Prag anzuerkennen. Auch die Intervention seines einflußreichen Schwiegervaters und seines Mentors Scheel können die Bürokratie nicht umstimmen. In einem Schreiben an das Reichsinnenministerium verzichtet Schleyer am 14. Mai 1942 auf die Fortsetzung der Ausbildung für den Dienst in der höheren Verwaltung:

Ich bin alter Nationalsozialist und SS-Führer und darf für mich in Anspruch nehmen, daß mich keine äußerlichen Beweggründe hier festhalten. Ich versehe gleichzeitig die Arbeit von 2 eingerückten Juristen, für die keinerlei Ersatz vorhanden ist, und habe dazu neue Aufgaben übernommen. Der Präsident des Zentralverbandes der Industrie in Böhmen und Mähren und der Leiter der kriegswirtschaftlichen Abteilung haben mich aufgefordert, im Rahmen der Protektorats-Wirtschaft mitzuarbeiten und sich damit auch kriegswirtschaftlichen Arbeiten zur Verfügung zu stellen. Ich habe diesen Auftrag angenommen, um als junger Jahrgang wenigstens hier meine Pflicht nach Kräften zu erfüllen, nachdem ich keine Möglichkeit mehr habe, wieder k.v. zu werden ... Die uns in jungen Jahren in der Kampfzeit anerzogene Bereitschaft, Aufgaben zu suchen und nicht auf sie zu warten, der ständige Einsatz für die Bewegung auch nach der Machtübernahme, haben uns früher als sonst üblich in die Verantwortung gestellt ... Ich weiß zwar noch nicht, an welcher Stelle ich endgültig eingesetzt werde, aber ich bin sicher, daß dieser Raum alle, die er einmal erfaßt hat, für ihr ganzes Leben beansprucht.[142]

Beansprucht wird Schleyer zunächst für die Aufrechterhaltung des Ausbeutungs- und Terrorsystems der deutschen Rüstungswirtschaft im Protektorat. Fast eine Million tschechische Arbeiter und Angestellten sind durch den deutschen Einmarsch aller ihrer Rechte beraubt worden. Ihre Parteien und

---

141 Angelika Ebbinghaus, Klaus Dörner (Hg.): *Vernichten und Heilen. Der Nürnberger Ärzteprozeß und seine Folgen*, Berlin 2001, S. 152 ff.
142 BArch ZJ 125, PA Hanns Martin Schleyer; siehe auch Hachmeister, a.a.O. (wie Anm. 109, S. 161 ff.

Gewerkschaften sind verboten, Tarifverträge und freie Arbeitsplatzwahl abgeschafft, Streiks mit Konzentrationslager oder dem Tod geahndet. Die Meldungen über Hinrichtungen und Deportationen häufen sich mit der heraufziehenden deutschen Niederlage.

Das Lebensniveau sinkt von Jahr zu Jahr, die Löhne reichen gerade, um nicht zu verhungern. Die Wochenarbeitszeit wird bis auf 70 Wochenstunden ausgedehnt. Mit dem Beginn des zweiten Weltkriegs werden im Protektorat die Arbeitspflicht und die Rationierung von Lebensmitteln, Kleidung und Schuhen eingeführt und Zwangsarbeiter nach Deutschland geschickt. Bis zum Kriegsende werden über eine halbe Million tschechische Männer und Frauen ins Deutsche Reich verbracht. Sie stehen in der Hierarchie des deutschen Rassestaats über den Polen, Russen und Italienern, aber unter den aus Westeuropa nach Deutschland verbrachten Zwangsarbeitern.

Das deutsche Monopolkapital und die neuentstandenen Zweige der NS-Staatswirtschaft übernehmen die Kontrolle über die wichtigsten Zweige der tschechischen Industrie. Die größte Beute machen die Reichswerke Hermann Göring. Zu ihr gehören allein 80 Gesellschaften, vereinigt in acht großen Industriekonzernen mit 150.000 Beschäftigten. 234 Unternehmen, die Juden gehören oder an denen Juden Anteile halten, werden enteignet. Insgesamt machen das Deutsche Reich, seine Banken und Konzerne einen Enteignungsgewinn von über 1,6 Milliarden Kronen. Der stark überhöhte Wechselkurs der deutschen Reichsmark zur Krone führt zu einer galoppierenden Inflation und entwertet die Ersparnisse der Bevölkerung, die den Krieg bis zu seinem Ende mit 42 Milliarden Kronen mitfinanzieren muß.[143]

Das wichtigstes Instrument der deutschen Besatzungsherrschaft zur Aufrechterhaltung und Kontrolle der industriellen Produktion des Protektorats war der Zentralverband der Industrie für Böhmen und Mähren. Er hatte umfangreiche Machtbefugnisse über die industrielle Organisation und arbeitete sehr eng mit den deutschen Rüstungsinspektionen zusammen, die die Förderung der Rüstungsproduktion im Auftrag des Reichsministers für Rüstung und Kriegsproduktion, Albert Speer, vorantreiben sollten. Die enge Zusammenarbeit mit Sicherheitspolizei und den Gestapo-Leitstellen ermöglichte die sofortige Unterdrückung jeden Widerstands.

An der Spitze dieser Organisation stand der Nazi-Aktivist Bernhard Adolf, der Nazi-Organisationen an der Prager Universität bis 1933 geleitet hatte. 1932 war er zum Führer des Kreises IX (Tschechoslowakei) des NS-Studentenbundes ernannt wor-

---

143 Dokumentenedition *Nacht über Europa. Die faschistische Okkupationspolitik in Österreich und der Tschechoslowakei (1938–1945)*, Köln 1988, S. 45 ff.

den. 1933 wird der Nazi-Schläger wegen der Organisation paramilitärischer Banden, dem sogenannten Volkssport, in der CSR zu zehn Monaten Gefängnis verurteilt. Das stachelt seinen Haß weiter an. Adolfs Stunde kommt mit der Bildung des Reichsgaus Sudetenland, wo er Wirtschaftsberater des Gauleiters Henlein wird. Nach dem deutschen Einmarsch avanciert er zum Sonderbeauftragten für die Industrie beim Reichsprotektor und wird mit dem Aufbau des Organisationsapparats für die dirigierte Wirtschaft und mit der Sicherung der Industriekapazitäten für das Kriegspotential des Reiches beauftragt. Er wird Generaldirektor des Vereins für chemische und metallurgische Produktion. SS-Brigadeführer Walter Bertsch, der auch als Wirtschaftsminister in der Protektoratsregierung amtiert, ernennt ihn zum Präsidenten des Zentralverbandes. Adolf arbeitet eng mit Heydrich zusammen und nimmt an den Konferenzen teil, die sich während der Amtszeit Heydrichs mit der Ermordung der Juden und der Germanisierung des Protektorats beschäftigen.

Am 15. Januar 1941 bittet Frank den Wirtschaftsfunktionär und SS-Kameraden darum, eine Denkschrift zu den wirtschaftlichen Aspekten der Germanisierung vorzulegen. Der nutzt die Gelegenheit, um ein umfassendes Programm des Völkermords zu entwerfen:

Es kann angenommen werden, daß es möglich ist, durch Assimilation etwa 50 Prozent des tschechischen Volksbestandes einzudeutschen, daß durch Auswanderung im Laufe von 30 Jahren etwa 10 Prozent diesen Raum verlassen, durch Maßnahmen zur Einschränkung der Geburtlichkeit der tschechische Volksbestand um 3 bis 5 Prozent vermindert wird, durch radikale Ausmerzung der tschechisch-jüdischen Mischlinge (gegebenenfalls auch solcher mit weniger als 50 Prozent jüdischen Blutanteils) mindestens weitere 5 Prozent erfaßt werden. Sind auf diese Weise etwa 70 Prozent des tschechischen Volkes in diesem Raum liquidiert, so ist der Rest von 30 Prozent, der zum Großteil aus einem rassischen Untermenschentum besteht, dessen Assimilation unerwünscht ist, soweit in seiner Bedeutung gesunken, daß er ohne Schwierigkeiten ausgesiedelt oder sonst unschädlich gemacht werden kann.[144]

Schleyer, der Adolf und die Arbeit des Industrieverbands kennt, wird als Referent und enger Mitarbeiter Adolfs vom Zentralverband eingestellt. Er ist damit an einem der wichtigsten Bereiche der deutschen Macht im Protektorat angelangt. Was er dort eigentlich tut, bleibt weitestgehend unbekannt. Sein Beruf ist die Exekution der deutschen Terror- und Ausbeutungspolitik gegenüber der Bevölkerung des Protektorats. Gleichzeitig ist er weiter für den Sicherheitsdienst der SS tätig, für den er be-

---

144 Fremund, Kral, a.a.O. (wie Anm. 8), S. 98 ff.

reits in Innsbruck aktiv war. Dessen maßgeblicher Organisator ist Reinhard Heydrich. Der SD erhält die Kompetenz, die politischen Vorgaben zur Behandlung der jüdischen Minderheit in konkrete Planungen umzusetzen. Wie Michael Wildt in seiner Untersuchung über das Reichssicherheitshauptamt herausgearbeitet hat, bilden Gestapo und Sicherheitsdienst bei der Verfolgung der jüdischen Bevölkerung eine Einheit. Berichte von Mitarbeitern des SD und daraus abgeleitete politische Einschätzungen werden zur Grundlage von polizeilicher Repression, Verfolgung und Mord. Voraussetzung für eine SD-Tätigkeit ist fast ausnahmslos die Mitgliedschaft in der SS.[145]

In Prag gehört Schleyer als SD-Mitarbeiter zur Elite der SS und der Protektoratsverwaltung. Seine eigentliche Tätigkeit für den SD hat keine Spuren hinterlassen. Zumindest wurde bis jetzt nichts in den Archiven gefunden. In Prag war es möglich, sehr viele Aktenbestände und Unterlagen zu vernichten, bevor die Rote Armee die Stadt befreite und die deutsche Herrschaft am 9. Mai 1945 beendete.

---

145 Ein Verzeichnis der SD-Mitarbeiter befindet sich im Archiv der Sicherheitsabteilung, Bestand 305, Signatur 305 570 5, in Prag.

5. Die Befreiung

Am 5. April 1945 steht das Ende der deutschen Herrschaft in Prag und im Protektorat unmittelbar bevor. Untrügliches Anzeichen ist die beginnende deutsche Massenflucht aus Prag. Pfitzner notiert verbittert in sein Tagebuch: »Von oben wurde zu Ostern verfügt, daß nunmehr alle abfahren können, auch die Leitenden und Führenden. Dies ließen sie sich nicht lange sagen und reisten daraufhin am Mittwoch den 5.4. fluchtartig und in aller Heimlichkeit, dabei aber unter Zuhilfenahme von Autos, auch Lastautos, von Prag ab, es wurde sogar für gewisse Regierungsbeamte ein Lazarettschiff auf der Elbe ausgerüstet, das bis Hamburg fahren sollte ... Nur in guten Zeiten in prunkvollen Villen, die man auf leichte Art gemacht und ausgestattet hat, zu verbringen und im Augenblick der Gefahr von dannen zu ziehen, das ist weder heroisch noch moralisch.«[146]

Am 28. August 1944 beginnt im Nazi-Marionettenstaat Slowakei der Aufstand gegen die deutsche Herrschaft und die einheimischen Faschisten. Von März bis Oktober diesen Jahres werden mehr als 57.000 tschechoslowakische Bürger jüdischer Herkunft in die Vernichtungslager deportiert. Bei der Ausarbeitung des slowakischen Judenkodex hilft Konrad Adenauers späterer Staatssekretär Hans Globke. Die Aufständischen unterstellen sich der von Edvard Benes geführten Londoner Exilregierung. Nach der Niederschlagung des Aufstands behauptet sich der Widerstand bis zum Eintreffen der Roten Armee in den Bergen und bewahrt Tausende von jüdischen Bürgern der CSR vor der Vernichtung.

Dennoch schaffen es die Verbände der Wehrmacht und der SS, weitere 13.500 jüdische Männer, Frauen und Kinder nach Auschwitz, Sachsenhausen und Theresienstadt zu deportieren. In den ersten Apriltagen 1945 erreichen Einheiten der Roten Armee die nördlichen Bezirke Böhmens. In verlustreichen Kämpfen gegen Einheiten der Wehrmacht, der SS und des deutschen Volkssturms gelingt ihnen am 21. April der Durchbruch durch die deutschen Linien. Mit dem Vormarsch der Alliierten im Frühjahr 1945 wird das Protektorat zum Endziel Zehntausender Gefangener der deutschen Konzentrations- und Vernichtungslager. Unzählige Gefangene werden von den deutschen Bewachungsmannschaften erschossen oder totgeschlagen. Tausende werden in offenen Viehwaggons bei eisiger Kälte und ohne Nahrung einem langsamen Tod überantwortet. Die letzte Phase der Existenz der deutschen Herrschaft ist geprägt von Szenen

---

146 Vojtech Sustek (Hg.): *Josef Pfitzner*, a.a.O. (wie Anm. 72), S. 255 ff.

barbarischer Grausamkeit und Gewalt. Die tschechische Bevölkerung reagiert geschockt und voller Entsetzen auf das Geschehen. Mit dem Beginn der Aufstandsbewegung in Böhmen und Mähren beginnt die letzte Phase des Terrors. SS und Gestapo organisieren »Jagdkommandos« und massakrieren in den Beskiden die Bevölkerung ganzer Ortschaften. Die in deutschen Gewahrsam befindlichen Widerstandskämpfer sollen nicht in Freiheit kommen. Ein letztes Massaker an Gefangenen findet in der kleinen Festung Theresienstadt am 2. Mai 1945 statt.

Mit dem Heranrücken der Roten Armee erhebt sich die Prager Bevölkerung am 5. Mai 1945. Die Deutschen benutzen Frauen und Kinder als Schutzschilde beim Vormarsch gegen Aufständische. Es sind die Völkermordkohorten der SS, die Folterspezialisten der Gestapo, die in Prag ihr letztes Gefecht kämpfen. Selbst am 8. Mai kommt es noch zu Luftangriffen auf die Prager Altstadt. Am 9. Mai ist Prag und das gesamte Land befreit. Nach der Befreiung kommt es in Böhmen und Mähren zu Lynchjustiz, Selbstjustiz und willkürlichen Exekutionen gegen die verbliebenen Deutschen.

In der Öffentlichkeit der alliierten Nationen wuchs im Verlauf des Krieges die Überzeugung, daß der Nationalsozialismus und sein Führer die Unterstützung und Loyalität der übergroßen Mehrheit der Deutschen besaßen. Ein Sieg Deutschlands hätte den Einbruch eines neuen Zeitalters unvorstellbarer Barbarei für die Menschheit bedeutet. Die deutsche Kriegs- und Vernichtungspolitik hatte Hunderte Millionen Menschen einer entfesselten, unbarmherzigen Gewalt unterworfen, die mit der deutschen Kapitulation nicht endete. Deutschland hatte eine Welt geschaffen, in der die Existenz von Abermillionen Menschen auf den Kampf um das eigene Überleben reduziert war. Bei einer militärischen Niederlage der Deutschen mußte sich der in Jahren aufgestaute Haß auf die Täter entladen.

Rückkehr ins Nichts
Die aus den Lagern, dem Untergrund, der Emigration und als ehemalige Soldaten der tschechoslowakischen Auslandsarmee zurückkehrenden Überlebenden standen vor dem Nichts. Die Brutalisierung der Verhältnisse in der Besatzungszeit vergiftete auch das gesellschaftliche Klima nach der Befreiung. Oft wurde jüdischen Eigentümern die Rückgabe des konfiszierten Besitzes verweigert, obwohl diese ihnen aufgrund des Dekrets Nr. 5/1945 des Präsidenten rechtlich zustand. Dort heißt es: »Vermögensübertragungen und vermögensrechtliche Rechtsgeschäfte jeglicher Art ohne Rücksicht darauf, ob sie bewegliches oder unbewegliches, öffentliches oder privates Vermögen betreffen, sind ungültig, soweit sie nach dem 29. September 1938 unter dem

Druck der Okkupation oder nationaler, rassischer oder politischer Verfolgung vorgenommen wurden.«[147]

Bürokratische Kälte und Willkür waren bei lokalen Behörden und Dienststellen verbreitet. Perfide war die Einstufung der Überlebenden der deutschen Lager als national unzuverlässig, wenn sie bei der Volkszählung 1930 Deutsch oder Ungarisch als Muttersprache angegeben hatten. Hinzu kam ein tschechischer Chauvinismus, der auch von Teilen der Kommunistischen Partei geschürt wurde. Sie war die stärkste Partei des Landes geworden und unterstützte zunächst den Aufbau einer antifaschistischen Demokratie. Ihr Nimbus als antifaschistische Kraft war groß. Doch sie appellierte jetzt an die spezifischen Traditionen des tschechischen Antisemitismus, der in den Juden Agenten der Germanisierung sah. Der kommunistische Innenminister Nosek erklärte auf einer Wahlversammlung im Februar 1946: »Einige von ihnen wurden dann eingesperrt, weil sie jüdischer Abstammung sind, und haben daher teilweise unter dem nazistischen Terror gelitten, aber hier müssen alle prüfen, wie sich die einzelnen in der Zeit der Republik verhalten haben, ob sie germanisierten, deutsch gesprochen haben oder deutsche Schulen unterstützt haben. Dann gehört ihr Eigentum dem Staat und muß konfisziert werden.«[148] Andere unterstützten die Rückgabe an die Überlebenden, vor allem Außenminister Jan Masaryk bemühte sich in vielen Fällen zu helfen, war aber in der Phase der Konsolidierung der staatlichen Verwaltung zunächst nicht in der Lage, dem administrativen Chaos ein Ende zu bereiten. Der Blick auf westeuropäische Länder wie Frankreich und Holland zeigt, daß den Überlebenden auch dort ähnliche Schwierigkeiten gemacht wurden und gerade die Rückerstattung des Eigentums unter allerlei Vorwänden verweigert wurde.

In vielen Fällen zogen sich die Auseinandersetzungen um die Rückerstattung von Eigentum an Einzelpersonen oder jüdische Körperschaften bis zum kommunistischen Putsch 1948 hin. Durch die danach folgenden Verstaatlichungen wurden die Auseinandersetzungen zuungunsten der jüdischen Kläger beendet. Die Stalinisten zerstörten die antifaschistische Demokratie, die politische Freiheit mit starken Elementen gesellschaftlichen und staatlichen Eigentums verbinden wollte und sich außenpolitisch mit der Sowjetunion verbündet hatte. Die jüdischen Kommunisten und Antifaschisten, die in Spanien auf Seiten der Republikaner gekämpft oder Exil im Westen gefunden hatten, wurden verfolgt und aus der Partei ausgeschlos-

---

147 *Die Deutschen und Magyaren in den Dekreten des Präsidenten der Republik. Studien und Dokumente 1940-1945*, Brno 2003, S. 427 f.
148 Hoensch u.a. (Hg.), a.a.O. (wie Anm. 37), darin: Petr Brod: »Die Juden in der Nachkriegstschechoslowakei«, S. 211 ff.

sen. Die Beziehungen zu Israel wurden eingefroren, die große Unterstützung, die das Land von der Tschechoslowakei bis 1949 erhalten hatte, eingestellt. Die Vernichtung der Juden Böhmens und Mährens verschwand aus den offiziellen Darstellungen.[149] Bis 1950 verließen über 20.000 überlebende Juden die Tschechoslowakei. Die meisten gingen nach Israel.

Unmittelbar nach dem Krieg ziehen neue Mieter in die Villa Waigner ein. Die Familien Klausing und Schleyer haben das Land verlassen. Waltrude Schleyer wird im Laufe der Jahre sogar vergessen, wie die Familie in die Villa gekommen ist. Von Lutz Hachmeister danach gefragt, sagt sie: »Wir suchten ja schon seit Jahren nach einer größeren Wohnung, und das wurde uns dann angeboten. Das weiß ich auch nicht mehr genau, wie das ging: wir haben dann halt drin gewohnt.«[150]

Die Villa wird am 2. August 1945 in staatliche Verwaltung übernommen. Die Eltern von Marie Waigner, Siegmund und Olga Rosenbaum, geb. Schiller, haben die deutsche Besatzung nicht überlebt. Ihre Lebensspuren enden in Theresienstadt. Kamila Doleckova und Ewalda Schillera, möglicherweise Nichten oder Schwestern von Olga Rosenbaum, beantragen die Restitution des Hauses. Der Antrag wird am 16. September 1952 abgelehnt. 1954 wird das Haus in das Eigentum der Stadt Prag überführt. 1955 geht es in den Besitz des tschechoslowakischen Innenministeriums über. 1964 kommt es noch einmal zu einem Verfahren vor dem zivilen Volksgericht, das mit einer Niederlage der antragstellenden Erben endet. Eine allerletzte Spur von Marie Waignerova stammt aus demselben Jahr. Die Finanzabteilung des Kreisnationalausschusses stellt fest, daß ihr Sparbuch mit einem Betrag von 3.461 Kronen an den Staat fällt. Nach der Wende 1989 wird kein weiterer Anspruch mehr auf das Haus erhoben. In Prager Vereinsverzeichnissen findet man unter der Adresse der Villa heute den Klub Milada Horakova. Der Name erinnert an ein Opfer der stalinistischen Schauprozesse der 50er Jahre. Hachmeister gibt an, in dem Haus befinde sich eine Zweigstelle des tschechischen Geheimdienstes.[151]

Neuanfang und Entschädigung
Am 18. März 1943 wird vor dem Sondergericht in Prag eine Gruppe von 18 Personen verurteilt. Den fünf jüdischen Angeklagten wird vorgeworfen, sich ihrer Deportation durch Flucht entzogen zu haben, die anderen seien der kriminellen Beihilfe schul-

---

149 Christiane Brenner u.a. (Hg.): *Geschichtsschreibung in den böhmischen Ländern im 20. Jahrhundert*, München 2006, darin: Michal Frankl: »Die ›Endlösung der Judenfrage‹ und die Narrative der tschechischen Geschichte 1945–1989«, S. 255 ff.
150 Hachmeister, a.a.O. (wie Anm. 109), S. 223.
151 Restitutionsunterlagen Haus Bubenec 55, 79 No 523/52 OS civ. für Inneres Prag. Die Nachlaßakte der Marie Waignerová, Aktenkennzeichen D VI 1237/47, fehlt.

dig. Die Widerstandsgruppe ist im November 1942 von der Prager Gestapo zerschlagen worden. Sie hat Menschen jüdischer Abstammung zur Flucht verholfen und sie mit Geld unterstützt. In der Urteilsbegründung heißt es: »Ein Jude, der sich der Evakuierung entzieht, ist ein Reichsfeind. Die Juden im nationalsozialistischen Deutschland stellen eine Gesamtheit politischen Gepräges dar. Sie sind Bestandteil des internationalen Judentums, das dem Deutschen Reich als Feindmacht gegenübersteht« (siehe Anm. 152).

Die Todesstrafe für die Flucht vor den Gaskammern wird von der 4. Kammer des Sondergerichts in Prag verkündet. Unterzeichnet ist das Urteil von Landgerichtsrat Hartmann, Landgerichtsrat Dr. Odenal und Landgerichtsrat Dr. Albrecht. Landgerichtsrat Albrecht hat seit seinem Dienstantritt am 1. Juli 1942 bis zu seiner Flucht im April 1945 nachweisbar 31 Menschen zum Tode verurteilt – neben Juden und Kommunisten auch den Angeklagten Karl Rauer aus Prag, wegen Diebstahls von Kleinvieh unter Ausnutzung der Verdunkelung. Albrecht sollte nach 1945 im Saarland Karriere machen und es nach dem Beitritt des Saarlands zur Bundesrepublik zum stellvertretenden Landesvorsitzenden der Saar-CDU und Vorsitzenden des saarländischen Rundfunkrats bringen. Als die Saarbrücker Staatsanwaltschaft am 13. Juni 1960 aufgrund von belastendem Material aus Prag ein Ermittlungsverfahren wegen Rechtsbeugung, begangen während seiner Tätigkeit als Richter am deutschen Sondergericht in Prag, gegen Albrecht einleitet, ist die Empörung über die Staatsanwälte groß. Das Verfahren wird nach kurzer Zeit eingestellt.[152] Auch Albrechts ehemalige Richter- und Staatsanwaltskollegen beim Sondergericht in Prag werden nie durch ein Strafverfahren behelligt. 1951 beschließt der Bundestag einstimmig das »131er-Gesetz«, das es den NS-Beamten, die 1945 von den Alliierten aus politischen Gründen entlassen worden waren, erlaubt, auf ihre Posten in Politik, Justiz und Verwaltung zurückzukehren.

Die überlebenden Mitglieder der Nazi-Funktions- und Vernichtungselite haben nach 1949 in der Bundesrepublik nichts zu befürchten. Die schlimmste Strafe ist die Pensionierung bei vollen Bezügen. Der Beamtenapparat des Protektorats wird ab 1951 gemäß dem 131er Gesetz vollständig in die öffentliche Verwaltung der Bundesrepublik integriert. Auch die Pensionsansprüche der ehemaligen Protektoratsbeamten werden peinlich beachtet. Die Witwe Reinhard Heydrichs, die seit 1950 in Schleswig-Holstein durch alle Instanzen auf Auszahlung einer

---

152 Zu Erwin Albrecht siehe auch: Erich Später: »Mord nach Paragraphen. Die NS-Vergangenheit des CDU-Politikers Dr. Erwin Albrecht«, in: »Saarbrücker Hefte« 91, Frühjahr 2004, Saarbrücken.

Witwenpension klagt, bekommt diese 1958 vom Landessozialgericht Schleswig-Holstein zugesprochen. Der Vorsitzende Richter, Senatspräsident Richard Michaelis, bescheinigt Heydrich, daß »er an der Organisation und Durchführung der Maßnahmen gegen die Juden beteiligt war« und »einen schärferen Kurs in der Regierung des Protektorats« eingeführt habe. Dies ändere aber nichts an der Tatsache, daß sein Tod eindeutig »als Folge einer unmittelbaren Kriegseinwirkung« eingetreten sei. Lina Heydrichs Ansprüche auf Zahlung der Witwenversorgungsbezüge eines Polizeigenerals werden rückwirkend bis zum Jahr 1950 anerkannt. Der Anspruch erlischt erst mit ihrem Tod 1985. Ihre beschlagnahmte Villa auf der Insel Fehmarn wird ihr rückerstattet.[153]

Die Regelungen des Bundeslastenausgleichsgesetzes von 1952 führen zu Entschädigungszahlungen für alle deutschen Heimatvertriebenen. Entschädigt werden Verluste an Immobilien, Wertgegenständen, Hausrat, an finanziellen Anlagen, von Anteilen an Kapitalgesellschaften, Geschäftsguthaben und anderen Beteiligungen. Bis zum Jahr 1991 addieren sich die Zahlungen auf 130 Milliarden Mark. In der Präambel des Gesetzes ist ausdrücklich festgelegt, daß die »die Gewährung und Annahme von Leistungen keinen Verzicht auf die Geltendmachung von Ansprüchen und Rückgabe des von den Vertriebenen zurückgelassenen Vermögens bedeutet«. In Paragraph 359 wird die Entschädigung für »Verluste an Vermögensgegenständen, die in Ausnutzung von Maßnahmen der nationalsozialistischen Gewaltherrschaft erworben worden sind«, ausgeschlossen. Es dauert zehn Jahre, bis dieser Paragraph eine Ausführungsbestimmung erhält.

Zwar wird im Lastenausgleichsgesetz (Paragraph 2, Absatz 2) eine Entschädigung für Vermögensgegenstände ausgeschlossen, die durch unmittelbaren Zwang und Gewalt – gemeint ist die seltene »wilde Arisierung« – angeeignet wurden. Die meisten Enteignungen wurden, wie am Beispiel Prags und des Protektorats gezeigt wurde, staatlich geregelt und durch eingesetzte »arische« Treuhänder vollzogen, die das jüdische Eigentum verkauften. In der elften Verordnung zum Lastenausgleichsgesetz wird dieser Erwerb ausdrücklich legalisiert und sein Verlust als durch die Bundesrepublik entschädigungspflichtig eingestuft: »Der Erwerb von einer staatlichen oder staatlich beauftragten Stelle gilt als solcher nicht als Verstoß gegen die guten Sitten.« Die Bundesrepublik als Rechtsnachfolgerin des Deutschen Reiches entschädigt die Profiteure des Massenmordes am

---

153 Uwe Danker: »NS-Opfer und Täter – Versorgung mit zweierlei Maß«, in: *Demokratische Geschichte. Jahrbuch zur Arbeiterbewegung und Demokratie in Schleswig-Holstein* 9 (1996), S. 277–306.

jüdischen Volk. Das Ausmaß dieser Zahlungen und der Personenkreis, der davon profitiert, liegen vollkommen im Dunkeln. Die Anträge und Bescheide ruhen in den Archiven der bundesdeutschen Lastenausgleichsämter.

Auch die Sudetendeutsche Landsmannschaft, gegründet und über Jahrzehnte politisch gesteuert von der überlebenden NS-Funktions- und Vernichtungselite des Protektorats und des Reichsgaus, macht Kasse. Mit der »Westvermögen-Zulassungsverordnung« vom 23. August 1974 macht die sozialliberale Koalition den deutschen Landsmannschaften ein Geschenk in Höhe von 29 Millionen Mark. Es handelt sich bei dem Geld um in den Westzonen angelegte Guthaben von Banken, Versicherungen und Bausparkassen aus den sogenannten Vertreibungsgebieten, inklusive dem Protektorat Böhmen und Mähren und den annektierten polnischen Westgebieten. Die von der Führungsgruppe der Sudetendeutschen Landsmannschaft um den ehemaligen NS-Aktivisten Walter Becher und dem Land Bayern gegründete Sudetendeutsche Stiftung erhält den größten Einzelanteil in Höhe von zwölf Millionen Mark.

Die sudetendeutschen Spareinlagen wurden über den bundesdeutschen Lastenausgleichsfonds individuell erfaßt und entschädigt. Da sich in den mir zugänglichen Dokumenten kein Hinweis auf individuelle oder kollektive Forderungen bei der Aufteilung des Geldes findet, drängt sich der Verdacht auf, daß es sich bei dem Millionenvermögen, das der Sudetendeutschen Stiftung übereignet worden ist, um Gewinne der Dresdner Bank und ihrer Tochter Escompte Bank als Finanzdienstleister der SS, der Deutschen Bank, ihrer Tochter Union Bank und der »Kreditanstalt der Deutschen« in Reichenberg aus Arisierung und Ausplünderung von Guthaben auf Sperrkonten ermordeter jüdischer Bürger des Protektorats handelte. Der gesamte Vorgang wird relativ schnell auf dem Verordnungsweg geregelt. Die Sudetendeutsche Stiftung, 1970 mit einem Grundkapital von 300.000 Mark gegründet, verfügt 1974 nach der Verteilung der herrenlosen Bankguthaben über ein Kapital von 12 Millionen Mark. 6,5 Millionen davon fließen in den Bau des »Sudetendeutschen Hauses«.[154]

Grabschändung (Erika Steinbach, Peter Glotz und das Andenken Franz Werfels)

Am 29. Juni 2003 verleiht die Stiftung »Zentrum gegen Vertreibung« in Berlin zum ersten Mal ihren Franz-Werfel-Menschenrechtspreis. Mit der Verleihung des nach dem jüdischen Schriftsteller Franz Werfel benannten Preises an den Leiter des

---

154 Vgl. zur Sudetendeutschen Landsmannschaft: Erich Später: *Kein Frieden mit Tschechien. Die Sudetendeutschen und ihre Landsmannschaft*, Hamburg 2005, S. 140 ff.

Instituts für Diaspora und Genozidforschung an der Ruhr-Universität, Dr. Mihran Dabag, und an die tschechischen Initiatoren des sogenannten Kreuzes der Versöhnung, das an die im Jahr 1945 von den Tschechen ermordeten Sudetendeutschen erinnert, ist zugleich die öffentliche Präsentation der vom Bund der Vertriebenen am 6. September 2000 gegründeten »Stiftung gegen Vertreibung« verbunden. In ihrer Rede erläutert Erika Steinbach, die Vorsitzende des Bundes der Vertriebenen und zusammen mit dem inzwischen verstorbenen Sozialdemokraten Peter Glotz auch Initiatorin der Stiftung, die historische und politische Grundlage des ganzen Unternehmens: »In einem Gesamtüberblick soll in Berlin das Schicksal der mehr als 15 Millionen deutschen Deportations- und Vertreibungsopfer aus ganz Mittel-, Ost- und Südosteuropa mit ihrer Kultur- und Siedlungsgeschichte erfahrbar werden ... Viele Tausende davon durchlitten Jahre von Zwangsarbeit und Lagerhaft. Fast 2,5 Millionen Kinder, Frauen und Männer haben die Torturen von Vertreibung, Folter, Zwangsarbeit oder monatelanger Vergewaltigung nicht überlebt. Mit diesem Schicksal dürfen die Überlebenden nicht alleingelassen werden.«[155]

Steinbachs schamlose Umwidmung der NS-Volksgemeinschaft in ein nationales Kollektiv von Opfern der Alliierten bestätigte die schlimmsten Befürchtungen der Prager Jüdischen Gemeinde. Diese hatte die Benennung des Vertriebenenpreises nach Franz Werfel heftig kritisiert. Schon am 17. Februar 2003 hatten Steinbach und Glotz die Nachkommen von 40.000 ermordeten Prager Juden in einem Offenen Brief an den Vorsitzenden der Jüdischen Gemeinde von Prag deutlich zurechtgewiesen: »Wir müssen reflexartige Aggressionen vermeiden, und zwar auf allen Seiten. Die Verbrechen von Deutschen in der Hitlerzeit und im Protektorat rechtfertigen nicht Verbrechen von Tschechen in den Jahren 1945 und 46. Im übrigen hat die böhmische Geschichte nicht mit München 1938 begonnen, sondern Jahrhunderte vorher.«[156]

In seinem politischen Tagebuch *Jahre der Verdrossenheit* hatte Glotz über seine frühe Kindheit in Prag geschrieben: »Spuren – die meinen beginnen im Stadtteil Letna, wo mein deutscher Vater, damals der ›Besitzer‹ eines kleinen arisierten Betriebes für Gasmasken, ein unbedeutendes, ungläubiges Parteimitglied der Nazis, der Ärger wegen seiner tschechischen Frau hatte, eine Wohnung besaß.« Glotz wiederholte diese Version vom ungläubigen Vater Rolf und der Gasmaskenfabrik bis zu sei-

---

155 Rede von Erika Steinbach anläßlich der Verleihung des Franz-Werfel-Menschenrechtspreises am 29. Juni 2003 in der Frankfurter Paulskirche (Website des Zentrums gegen Vertreibung, 3. August 2003).
156 Offener Brief von Erika Steinbach und Peter Glotz an den Vorsitzenden der Jüdischen Gemeinde Prag, Tomas Jelinek, 17. Februar 2003.

nem Tod im Jahr 2005. Doch sein ungläubiger Vater war bereits 1935 in die Sudetendeutsche Partei Henleins eingetreten. Nach dem Anschluß der Grenzgebiete wurde er auf Antrag im Oktober 1938 in die NSDAP übernommen. Dies war eine Auszeichnung, die nicht einmal der Hälfte der 1, 2 Millionen Mitglieder der Henlein-Partei widerfuhr. Glücksritter und Opportunisten sollten keinen Platz haben in der NSDAP Gau Sudetenland, die trotzdem über die höchste Organisationsdichte im Deutschen Reich verfügte.

1943 taucht der Name Glotz im Prager Verzeichnis *Compass* auf, einer Art jährlichem Wirtschafts- und Handelsregister der Stadt Prag und des Protektorats. Unter der Rubrik »Bekleidungsindustrie« ist Rolf Glotz als Eigentümer der Firma »Spezialfabrik für Pyjamas, Morgenröcke, Schlafröcke und Herrenwäsche« registriert. Die Firma hat nach der Angabe im *Compass* 50 Arbeiter. Als Prokuristin wird Rolfs Frau Edith Glotz geführt. Die Angaben wiederholen sich im Jahr 1944. Nach Auskunft des Archivs der Nationalbank wurde die Firma 1923 von Antonin Kraus gegründet und vor dem Krieg unter der gleichen Branchenbeschreibung im *Compass* geführt.[157] Antonin Kraus war am 1. September 1893 in Prag geboren worden. Er war verheiratet mit Antonia Kraus. Sie hatten eine gemeinsame Tochter, Eva Julie, die 1926 geboren wurde. Ab 16. Oktober 1941 wurden 4.000 Menschen in vier Transporten in das polnische Ghetto Lodz (Litzmannstadt) deportiert. Die Familie Kraus wurde in den Transport vom 21. Oktober gesteckt. Dem Opferverzeichnis der Prager Jüdischen Gemeinde zufolge ist Kraus im Jahre 1941 gestorben. Über die Umstände seines Todes wissen wir nichts. Antonia Kraus wird in Weisswasser 1945 befreit. Die Tochter Eva Julie konnte 1945 in Bergen-Belsen gerettet werden.

Die Familie von Franz Werfel besaß seit mehreren Generationen eine kleine Handschuhfabrik »Werfel und Böhm«. Am 19. Juni 1939 wurde die Firma enteignet. Im Herbst 1941 wurde das »Arisierungsverfahren« abgeschlossen. Der deutsche Ingenieur Karl Schmachten erwarb die Firma der Werfels. Die Eltern Franz Werfels konnten aus Prag fliehen. Ihrem Sohn, der über Frankreich nach New York entkam, gelang es, für seine Eltern und die beiden Schwestern Einreisevisa für die USA zu erhalten. Der Vater starb an den Strapazen der Flucht am 31. Juli 1941 in Marseille.

Es gibt ein Foto der Familie Werfel, aufgenommen im Jahre 1932: 23 Erwachsene aus verschiedenen Generationen, fünf Kinder. In der Mitte des Bildes ein uralter Mann, der Großvater von Franz Werfel, Bernhard Kussi. Er feierte in Pilsen seinen 100.

---

157 *Compass. Industrielles Jahrbuch*, Prag 1943 und 1944. Rubrik Bekleidungsindustrie.

Geburtstag. Es war das letzte Familientreffen der Werfels. Die meisten Verwandten Franz Werfels wurden von Deutschen ermordet – in Auschwitz, in Treblinka und Mauthausen. Über die konkreten Umstände ihres Todes, ihren Leidensweg und über ihre Mörder wissen wir fast nichts.[158]

Gegen Ende ihrer Rede in der Paulskirche machte sich Erika Steinbach Gedanken über das mögliche Schicksal Franz Werfels nach dem Krieg: »Hätte er das Kriegsende erlebt, wäre es ihm wohl ergangen wie dem sudetendeutschen Sozialdemokraten Wenzel Jaksch, der niemals aus der Emigration in die tschechoslowakische Heimat zurückkehren konnte, obwohl er loyaler tschechoslowakischer Staatsbürger war.« Und nach 1945 keine Skrupel hatte, in der Bundesrepublik zusammen mit NSDAP- und SS-Männern die Sudetendeutsche Landsmannschaft anzuführen. Werfel hat es vorgezogen, das Kriegsende als amerikanischer Staatsbürger zu erleben. In einer vom US Office of War nach Europa telegrafierten Botschaft zur deutschen Kapitulation schrieb er: »Deutsche Menschen, wißt ihr, was durch eure Schuld und Mitschuld geschehen ist in den Jahren des Heils 1933 bis 45? Wißt ihr, daß es Deutsche waren, die Millionen und Millionen friedfertiger, harmloser Europäer mit Methoden umgebracht haben, die den Teufel selbst schamrot machen würden? Kennt ihr die Bratöfen und Gaskammern von Majdanek, den Jaucheberg verwesender Mordopfer in Buchenwald, Bergen-Belsen und hundert anderen Höllenlagern selbst?«[159] Franz Werfel starb am 26. August 1945 in Beverly Hills.

---

158 Peter Stefan Jungk: *Franz Werfel. Eine Lebensgeschichte*, Frankfurt 2001, Abbildung zwischen S. 192 und S. 193.
159 ebd., S. 333.

Dank

Ohne Lutz Hachmeisters Biographie über Hanns Martin Schleyer hätte ich das Buch in dieser Form nicht schreiben können. Er war der erste, der sich für das Schicksal von Emil und Marie Waigner interessierte. Durch die Öffnung des Archivs in Arolsen wurde es möglich, detaillierte Auskünfte über den weiteren Leidensweg des Ehepaars Waigner zu erhalten. Frau Monika Sedlakova in Prag bin ich zu großem Dank verpflichtet. Sie gab mir wertvolle Informationen über die Enteignung der jüdischen Bevölkerung und die deutsche Wohnungspolitik in Prag und stellte mir ihr Vortragsmanuskript »Börse mit jüdischen Wohnungen« zur Verfügung. Frau Meret Brandner hat mir in Prag auf jede nur erdenkliche Weise geholfen und wertvolle Archivarbeit geleistet. Frau Viola Jakschova hat für mich übersetzt und mir wichtige Hinweise gegeben. Mein Dank gilt der KONKRET-Redaktion, Hermann und Katrin Gremliza und Rafael Sollorz.

Ich widme das Buch dem Andenken von Marie und Emil Waigner.

Dokumente

Villa Waigner, 2009

Emil Waigner

Marie Waigner

Hanns M. Schleyer Heidelberg, den 31.Mai 1937
SS-Scharführer Schloss-Wolfsbrunnenweg 8

Betr.: Ahnennachweis des SS-Scharführers 227 014 Hanns
  Schleyer, Standartenschulungsleiter bei der 13.SS-R.Sta.

Bezug: Ohne

Anlage: 1 Ahnentafel mit 90 Urkunden.

An das
Rasse-und Siedlungshauptamt SS
 - Sippenamt -
B e r l i n SW 68

Hedemannstrasse 23/24

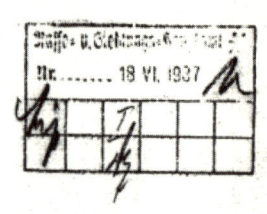

      In der Anlage reiche ich meinen Ahnennachweis
(SS-Ahnentafel mit 90 Urkunden) ein.

                       H e i l   H i t l e r !

                           SS-Scharführer.

Hanns Martin Schleyer: Anschreiben zum Ahnennachweis

Waltrude Ketterers Aufnahmeantrag für die NSDAP
mit Angabe der Mitgliedsnummer

An den
Reichsführer-SS
Rasse- und Siedlungshauptamt

[Eingangsstempel: 22.IX.1938]

31. August 38

72772

Ich bitte um Übersendung der Vordrucke zu einem Verlobungs- und Heiratsgesuch

1.) Schleyer, Hanns Martin   München   [...]
   (Zu- und Vorname)   (Wohnort)   (Nummer)

   SS-Oberscharführer   227914   RuSt[...]   [...]5.1915
   (SS-Dienstgrad)   (SS-Nummer)   (SS-Einheit)   (Geburtsdatum)

   a) Allgemeine SS
   b) SS-Wachmann, hauptamtlich, SS-VT, SS-TV
   c) SS-Sammelstelle
   d) Ordensburgschüler auf der Ordensburg _____
      (Zutreffendes unterstreichen)

2.) RuS-Referent, tgl. kommandiert SD RFSS, K.A. Tirol, U'Stuf. Dr. Gelb
    (Name und genaue Anschrift des Vorgesetzten (Sturmführers)) Ibk, Herrengasse [...]

3.) Ketterer, Trude   Solln b. München, Hofbrunnstr. 5   21.1.1916
    (Zu- und Vorname)   (Wohnort)   (Straße u. Hausnummer)   (Geburtsdatum)

    F.R.   Solln
    (Parteimitglieds-Nr.)   (Staatsangehörigkeit)   (zuständige Ortsgruppe)
    der zukünftigen Ehefrau

4.) a) Dr. Ritzmann, SS-Rottenführer, Innsbruck, medizin. Klinik
       (Name, SS-Dienstgrad u. genaue Anschrift des SS-Arztes für den Antragsteller)

    b) Dr. Georgii, Staf. SS-Oberführer, München-Pasing
       (Name, SS-Dienstgrad u. genaue Anschrift des SS-Arztes für die zukünftige Ehefrau)
       (Untersuchungen dürfen grundsätzlich nur von SS-Ärzten durchgeführt werden)

5.) a) Vater ist SA-Gruppenführer, Bürgen dafür nicht
    b) Schroedel, Josef, O'Gruf. Brückner, Adj. d. Führers u. SS-Gruf. [...]
       (Name und genaue Postanschrift von 2 Bürgen für die zukünftige Ehefrau)

6.) Ich bin bereits verlobt. nein / ja seit: _____
    Ich bin bereits verheiratet. nein / ja seit: _____

7.) Ich gehöre nachstehender Konfession an: _____ gottgläubig
    Meine zukünftige Ehefrau gehört nachstehender Konfession an: gottgläubig
    Ich beabsichtige kirchliche Trauung, nein / ja, nach nachstehender Konfession: _____
    Kirchliche Trauung ist erfolgt ... nein / ja, nach nachstehender Konfession: _____

Wenden!

2

Hanns Martin Schleyers Heiratsgesuch mit Angabe der Bürgen

Der Reichsführer-SS
Der Chef des Pers.Stabes
Tgb.Nr.AR/K
Scha/Gr.

Berlin, den 1.8.1939

Betr.: Verlobungs- und Heiratsgesuch des SS-Oberscharführers Hanns Schleyer, SS-Nr.227 014.
Bezug: Dort.Schr.v.26.9.39 - Sipp.III/V.B.72 772 He/Hü -

An das
Rasse- und Siedlungshauptamt,

Berlin SW 68.
Hedemannstr. 22-24.

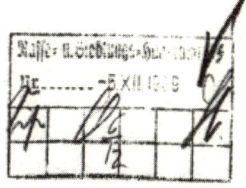

Die bisher eingereichten Unterlagen zum Heiratsgesuch des SS-Oberscharführers Hanns S c h l e y e r mit Fräulein Waltraut K e t t e r e r wurden dem Reichsführer-SS vorgelegt.

Da sowohl SA-Obergruppenführer Ketterer, der Vater von Waltraut K., wie auch Fräulein Waltraut Ketterer selbst dem Reichsführer-SS persönlich bekannt sind, wurde am 1.10. nachstehendes Telegramm an Fräulein Waltraut K. abgeschickt:

"Heirat mit SS-Oberscharführer S c h l e y e r auf beiderseitige Verantwortung freigegeben. Unterlagen später nachreichen. Brief folgt."

In einem in diesen Tagen zum Auslauf kommenden Brief wurde Fräulein Ketterer gebeten, für die Nachreichung der noch fehlenden Unterlagen besorgt zu sein und auch SS-Oberscharführer Schleyer dazu anzuhalten.

SS-Gruppenführer

Heiratserlaubnis der SS-Führung für Hanns Martin Schleyer und Waltrude Ketterer

Dr. Hanns Martin Schleyer
Regierungsreferendar

Prag II, 14. Mai 1942
Krakauergasse 16

An den Herrn
Reichsminister des Innern
über den Herrn Regierungs-
präsidenten in München
München

Ich bitte den Herrn Reichsminister des Innern um Genehmigung meines Ausscheidens aus dem Vorbereitungsdienst der Regierungsreferendare.

Ich habe im Februar 1938 mein 1. juristisches Staatsexamen abgelegt und seitdem nur 13 Monate Vorbereitungsdienst abgeleistet. Ich hatte mir von vornherein das Ziel gesetzt, den Vorberei-

[...]

Ich bin alter Nationalsozialist und SS-Führer und darf für mich in Anspruch nehmen, dass mich keine äusserlichen Beweggründe hier festhalten. Ich versehe gleichzeitig die Arbeit von 2 eingerückten Juristen, für die keinerlei Ersatz vorhanden ist und habe dazu neue Aufgaben übernommen.
Der Präsident des Zentralverbands der Industrie in Böhmen und Mähren und der Leiter der kriegswirtschaftlichen Abteilung haben mich aufgefordert, im Rahmen der Protektorats-Wirtschaft mitzuarbeiten und mich damit auch kriegswirtschaftlichen Arbeiten zur Verfügung zu stellen. Ich habe diesen Auftrag angenommen, um als junger Jahrgang wenigstens hier meine Pflicht nach Kräften zu erfüllen, nachdem ich keine Möglichkeit mehr habe, wieder k.v. zu werden.

Ich bin überzeugt, dass ich nicht der einzige bin, der in dieser Zeit seinen Berufsgang nicht mit dem vorgezeichneten Weg für die höhere Beamtenlaufbahn in Einklang bringen kann.
Die uns in jungen Jahren in der Kampfzeit anerzogene Bereitschaft, Aufgaben zu suchen und nicht auf sie zu warten, der ständige Einsatz für die Bewegung auch nach der Machtübernahme, haben uns früher als sonst üblich in die Verantwortung gestellt. Wir haben unser Studium nicht so sehr aufgefasst, als die Vorbereitung für einen bestimmten Beruf, der uns dann die innere und äussere Sicherheit geben würde, sondern haben stets eine Aufgabe gesucht, der wir dienen können.
Diese Aufgabe, glaube ich, obwohl ich aus dem Westen stamme, hier im Protektorat gefunden zu haben. Ich weiss zwar noch nicht, an welcher Stelle ich endgültig angesetzt werde, aber ich bin sicher, dass dieser Raum alle, die er einmal erfasst hat, für ihr ganzes Leben beansprucht.
Ich bitte daher, mein Ausscheiden aus dem Dienst der höheren Verwaltung zu genehmigen und mich damit für diese Aufgaben freizugeben.

Hanns Martin Schleyer: Antrag auf Ausscheiden
aus dem höheren Verwaltungsdienst (Auszüge)

Der Reichsführer-SS
SS-Personalhauptamt
Amt I 2a - Za/Schn.

Berlin, den 27. Januar 1944

Personalverfügung

Der SS- Untersturmführer

Dr. Hanns S c h l e y e r   SS-Nr. 227 014

wird laut eingereichtem Stellenbesetzungsantrag vom 11. Januar 1944   Tgb.-Nr. -

mit Wirkung vom 1. Januar 1944   seiner Dienststellung als Führer in der

87.SS-Standarte

enthoben und zum Führer im Reichssicherheitshauptamt ernannt.

F. d. R.

SS-Obersturmführer

Der Chef des SS-Personalhauptamtes
i. A.
gez. Dr. Katz
SS-Oberführer

Anlage:
Zur Mitkenntnis an:
1. Reichssicherheitshauptamt.
2. SS-Oa. Alpenland.
3. H'Abt. II/7 1.Hause.
4.
5.

Schleyers Ernennung zum »Führer im Reichssicherheitshauptamt«

Fotonachweis:
Meret Brandner (S. 92),
Narodni Archiv Prag (S. 93)

Dokumentennachweis:
BArch ZJ 125, PA Hanns Martin Schleyer (S. 94–99)